魂归大西洋

北京联合出版公司
Beijing United Publishing Co.,Ltd.

原著◎ [德]蒂根·沃林福德　编译◎贾华玲

图书在版编目 (CIP) 数据

魂归大西洋 / 原著：〔德〕蒂根·沃林福德；编译：贾华玲 .
－北京：北京联合出版公司，2004.6 (2021.3 重印)
（二战经典战役全记录） ISBN 978-7-80600-894-2
Ⅰ. 魂… Ⅱ. 蒂… Ⅲ. 第二次世界大战战役 (1939～1945) – 史料
Ⅳ. E195.2

中国版本图书馆 CIP 数据核字 (2004) 第 029923 号

二战经典战役全记录

魂归大西洋

THE BATTLE OF THE ATLANTIC

原　著 / 〔德〕蒂根·沃林福德
图　片 / 由 **getty**images 授权出版
编　译 / 贾华玲
责任编辑 / 箫　笛
出版发行 / 北京联合出版公司出版
（地址：北京市西城区德外大街 83 号楼 9 层　邮编：100088）
印　刷 / 三河市兴国印务有限公司
开　本 / 710×1000mm　1/16
字　数 / 262 千字
印　张 / 19
版　次 / 2004 年 6 月第 1 版　2021 年 3 月第 7 次印刷
书　号 / ISBN 978-7-80600-894-2
定　价 / 56.00 元

目 录

C O N T E N T S

邓尼茨被这一道命令所困扰，在这样的限制下，潜艇还能有什么作为呢？恰在此时，航空母舰突然改变航线，在 U–29 号潜艇的眼前暴露出长长的侧腹。邓尼茨终于可以扬眉吐气了。U–29 号的告捷，使德国军政要员们认识了潜艇的真正价值。普莱思艇长把 U–47 号潜艇静悄悄潜入海中之后，才向艇上的全体人员揭开了谜底，交待了此次出航的作战任务。从此，在广袤浩淼的大西洋上，一场空前规模的商船袭击战拉开了帷幕。

丘吉尔又坐在过去他坐过的那张旧椅子上，看着1911年他亲自安置的木制地图箱，望着自己让海军情报局标注的北海地图，不禁感慨万千。雷德尔万万没有想到，希特勒竟如此迫不及待地要实现其独霸全球的美梦，在他的海军力量尚高在蹒跚学步时，战争就打响了。哈伍德心想："好小子，我给你来个左右开弓，让你分散火力，顾此失彼。看你这回往哪儿溜！""海军上将施佩伯爵"号发出了一声惊天动地的爆炸声，战列舰像一幢高大的建筑物顷刻塌陷。

第3章　大西洋上的"狼群" / 49

邓尼茨放出的这些"独狼"，虽然数量不多，但是它们狠毒有余。修尔杰在那天的航海日记中写道："我们脱出了重围。"这些"窝囊的鱼雷"白白错过了两次机会，功没立成，还差点让他们丢了命。普莱恩恼怒不已地说："木制的枪还能够用来打仗吗？"一股令人沮丧的绝望撞击着茨安艇长有些脆弱的神经，从此，茨安艇长变得喜怒无常，神经兮兮的，精神状态混乱不安。"狼群"一旦发现猎物便紧紧咬住不放，要想甩开它或驱散它都非常困难。

第4章　向大西洋深处进击 / 77

法国的魏刚将军曾预言："不出3个星期，英国人就会像一只小鸡一样被德国人拧断脖子。"丘吉尔接到电报后，内心十分酸楚，大有"落地凤凰不如鸡"的凄凉感觉。希特勒十分明白，只要美国由罗斯福总统领导一天，他的征服世界、与意大利和日本瓜分地球的计划就一天不得实现。丘吉尔富有煽动力的演说吸引着众多的议员。"所有的英国人，都应该知道，我们将面对的是一场比我们刚刚取胜的不列颠之战更加艰苦和漫长的战斗，我们不妨把它叫做大西洋之战。"

第5章　"俾斯麦"号的神话 / 105

邓尼茨正伫立窗前，望着窗外冰天雪地的世界，脸上不时浮现出不易察觉的笑容。"雷德尔元帅，你的海军都干了些什么啊？"希特勒终于发怒了，大声地吼道："你们海军依旧缩手缩脚，没有大的建树，一直进展顺利的潜艇战反倒连受挫折。损失了3个王牌艇长且不说，你们的'英雄'艇长克里奇默尔居然作了英国人的俘虏……"超级战列舰"俾斯麦"号一个鲤鱼翻身，希特勒的"王牌"军舰终于卷入了北大西洋冰冷的波涛。

第 6 章　美洲海岸起狼烟 / 145

这骇人听闻的消息，确实令人震惊。而丘吉尔的内心却感到"分外高兴"。是日本人的进攻帮了他的大忙，使美国人终于站到了他们的一边，使罗斯福总统投进了他的怀抱。希特勒狠狠地将拳头砸在桌子上，咆哮着嚷道："这群日本猴子连招呼也不打，就在美国屁股上捅了一刀。这下子，我们不得不和美国开战了。"邓尼茨的目光越过地球仪上那片蔚蓝色的大西洋，瞄向了遥远的美洲海岸。在他的内心里早已认定美国迟早会成为德国的劲敌。

第 7 章　刀光剑影北极线 / 185

北大西洋亚索列斯群岛位于直布罗陀海峡的空中警戒圈外，也在以英国本土为基地的空中巡逻机的作战半径以外，故有"黑洞"之称。邓尼茨整日在作战室内坐立不安，焦急地盼望着能尽早收到潜艇群发现护运输队的报告。如果发出的无线电波不但没唤来"乳牛"，反而把敌方的驱逐舰招引来了，"狼群"就只有自认倒霉，被活活当作"靶标"。布洛克暗骂，"这帮德国鬼子真是不知死活，连个饭也不让我安生地吃，非给它点厉害不可！"

第 8 章　昔日的辉煌 / 211

罗斯福听到这里，终于明白英国人的心思了。丘吉尔听完罗斯福的话，会心地笑了。他这才摸清美国人的意图。看来罗斯福也并不想拿美国大兵的生命开玩笑。德国潜艇群像一群群饿狼扑入两支船队，撕咬着孤助无力的"羊羔"。邓尼茨和他的艇员们士气大增，深信大西洋海战，他们已稳操胜券。德国艇长心里直犯嘀咕："真见鬼！怎么这驱逐舰好像早发现了我们似的。"空守多日的潜艇，个个都像饿急了眼的狼，迅速向目标集结。

第9章 乌鸦啄地洞 / 243

此时的邓尼茨一直在等待着希特勒最严厉的训斥，他早就听说过，当作战发生失利的时候，即使一些最高级的指挥官也会受到严厉的惩处。邓尼茨很清楚，从现在开始，潜艇战不再是单纯的破交战和吨位战，而是与德国整个的战略形势紧密相连，与德国的命运休戚与共。从此，在盟军的海战记录中，这一段历史就以"比斯开湾大屠杀"而著称于世。邓尼茨感到这简直就是一种讽刺：潜艇打不到商船，居然打起飞机来了。

第10章 向比斯开湾进军 / 265

面对改装一新的潜艇，尽管邓尼茨的口气很大，其实心中却并没有多少把握。看来又一段"幸福时光"就要到来了。对于邓尼茨来说，这是悲惨的一刻。希特勒一直不动声色地听着与会者连续不断的指责，凯塞林的发言终于使他控制不住了，他劈头盖脸就是一顿："当然，英国的潜艇是能做到这一点的，可是我们的潜艇在直布罗陀海峡却一无所获！"一艘艘德国潜艇浮出了水面，然而，就在此时，盟军的无线电侦听部门接收到了大量潜艇的明码通讯信号——"彩虹"。

引 言　　P R E F A C E

　　60多年前，发生在大西洋上的那场潜艇战，无疑是第二次世界大战中最惊心动魄的一幕：两个世界头号的海上强国——英国和美国，几乎就要被俗称"海狼"的德国潜艇所窒息。时至今日，大西洋之战依然被兵家视为经典。

　　关于大西洋战役，英国人戴维斯·托马斯在所著的《大西洋之星》一书中的前言中写道："大西洋战役是最长久、最残酷、最浪费的海上战役。它几乎跨越了整个第二次世界大战。"

　　英国战时内阁首相丘吉尔在回忆录中写道："战争中，我惟一感到担忧的就是潜艇的威胁。它不是以耀眼的战争和显赫的战果的形式出现，而是通过数字、图示和曲线表证明自身的价值。我们的贸易生命线横越广阔的大西洋，尤其是英国近海的航线整个就暴露在危险之中。对于我来说，这一方面的作战，要比英国本土航空决战更令人担心多了。"

　　丘吉尔又说："对我们来说，潜艇的攻击是最具毁灭性的灾难。德国人真聪明，竟然以潜艇下最大的赌注。"

　　事实的确如此，在德国放弃"海狮"计划（即对英国的登陆作战）之后，德国潜艇一直是英国最主要的威胁。与太平洋战争相比,大西洋上的战斗少了辉煌与阳刚之美,却始终弥漫着一股诡秘阴郁之气,大西洋上"狼群"出没,潜艇战与反潜战贯穿整个战争始终。严格地说它不是一次海战,而是一场旷日持久的海上战争,由无数次战役和战斗组成,成功的战例不胜枚举。使堂堂大英帝国感受到失败痛苦的,不是德国坦克那疾风烈火、摧枯拉朽的闪电突击,也不是德国飞机那铺天盖地、夜以继日的狂轰滥炸,而是德国潜艇对海上运输的破交作战,被称作"海狼"的德军潜艇活动最猖獗时几乎掐断了对于英国至关重要的大西洋航线,几乎牢牢扼住了大英帝国的咽喉!使英国真正体会到失败的切肤之痛!

这场破交与保交的较量,不但是双方高级将领之间战略上的斗智斗勇,武器装备、技术水平和情报保障的竞争,还是广大参战官兵战术素养、作战意志全方位的比拼!

在大西洋战场,德军初期的破交主要是以大型水面舰艇游猎的方式进行。英国海军则以决战制海的思想为指导,粉碎了德国海军的游猎活动。此后,德国将大西洋破交的任务交给潜艇部队。英国因第一次世界大战中反潜护航战的胜利,对潜艇战不屑一顾,忽视了反潜技术、反潜潜艇和反潜飞机的发展。德国的"狼群战术"在破交作战中大显身手。1942年3月,同盟国的商船损失创造了大西洋之战的月吨位最高记录,达53万余吨。各同盟国的月均造船量甚至已经无法弥补在大西洋上被德军击沉的商船数量。

此时,大西洋反潜战已上升为同盟国反法西斯总体战略中优先考虑的问题。1943年春末,英美联合发动了强大的反潜攻势。反潜飞机的参战给德军潜艇的机动性造成很大的威胁;护航队的水面舰艇和飞机都装备了雷达,使德国潜艇遭水面夜袭的危险性陡然增大。同盟国已拥有更多的护航舰艇、护航航空母舰。截至1943年夏天,德潜艇的进攻势头终于得到了遏止,孤立无援的潜艇在日益强大的盟军护航体制的面前遭到了彻底的破产,英美两国再次掌握了战场的主动权。

大西洋潜艇战与反潜艇战贯穿于第二次世界大战的始终。这次潜艇战具有使用潜艇数量多、持续时间长、行动空间广阔、战果大等特点，显示了潜艇的巨大威力，对战后世界各国海军的发展产生了深远的影响。同时，战争实践再次说明，潜艇绝不可孤军奋战，必须组织其他海军兵力保障其行动，打击对方的反潜护航兵力，潜艇的突击威力才能得以发挥。

在5年半的战争中，盟国的商船成功地完成了30万次横渡大西洋的航运；数百万名盟军官兵和数十亿吨物资通过大西洋登上了欧洲的反法西斯战场。

第 1 章　　　CHAPTER　ONE

斯卡帕湾的幽灵

邓尼茨被这一道命令所困扰，在这样的限制下，潜艇还能有什么作为呢？恰在此时，航空母舰突然改变航线，在 U - 29 号潜艇的眼前暴露出长长的侧腹。邓尼茨终于可以扬眉吐气了。U - 29 号的告捷，使德国军政要员们认识了潜艇的真正价值。普莱思艇长把 U - 47 号潜艇静悄悄潜入海中之后，才向艇上的全体人员揭开了谜底，交待了此次出航的作战任务。从此，在广袤浩淼的大西洋上，一场空前规模的商船袭击战拉开了帷幕。

☆ 希特勒宠爱巨舰大炮

1939 年 9 月 3 日夜晚，德国，基尔港。

夜空布满了浮云，把星星和月亮遮挡起来，水天之间一片昏暗。一艘停泊在港湾的供应舰随着阵阵秋风轻轻摇荡着。在供应舰的军官舱里，德国潜艇司令卡尔·邓尼茨，神情忧郁，凝视着波澜起伏的海面，陷入沉思之中。

刚刚接到海战指挥部下达的"立即开始对英作战"的命令。海军又要重振雄风，和老对手英国皇家海军决一雌雄，潜艇部队开始派上用场了。邓尼茨始终认为，海战的重点在于潜艇战，潜艇战的重点在于经济战，也就是说，尽一切可能打击和消灭盟国的商船队，打垮盟国（尤其是英国）的经济，从根本上使敌人屈服。他算计过，如果要确保大西洋海战的胜利，至少需要300艘潜艇，他设想把潜艇的1/3用来攻击敌舰，1/3来往于战场和基地之间，1/3留在基地待命，这样，在前线作战的潜艇就能始终保持在100艘左右，这个规模的潜艇足以切断英国的海上贸易通道，掐断英国的命脉，迫使其不战而降。

此时，他手中仅有56艘U潜艇，其中只有46艘能够参加作战行动。而其中适合于大西洋作战的又只有22艘，剩下的24艘都是些吨位只有250吨、攻击性不强的潜艇。这些小型潜艇又由于续航距离短，只能用于北海作战。在22艘潜艇兵力中，又仅有7艘能够运用到大西洋的商船破坏战。

"看来只有先发制人，一开局就进行无限制的潜艇战，击沉一切往来英国的船只，这样才能取得主动。"邓尼茨的脸上终于显露出一丝微笑。他决定立即将计划向希特勒报告。

但是，希特勒否决了他的计划。这个波希米亚歹徒只宠爱巨舰大炮，视"俾斯

▲ 被称作"独木舟"的德军 U 艇编队。

麦"号战列舰如掌上明珠,对潜艇这种小玩意儿有点看不上眼。他严令邓尼茨,必须按照战前国际条约规定的条款作战。潜艇只能在检查完毕,安排好海员离船之后,才能击沉那些运送作战物资的商船。希特勒虽然名义上向英、法宣战,但还不愿意公然与这两个国家发生冲突。然而,接下来发生的一件事令他感到十分恼火。

在赫布里底群岛附近海域,U-30潜艇艇长林普少校发现在海上航行的船队中,有一艘船离开船队通常运行的航线,不但没发出规定的信号灯,而且还采取之字形路线航行,因而判断它为军队运输船。

林普艇长毫不犹豫地下令攻击该船。鱼雷命中了,该船载着船上128条生命沉入海底。而不幸的是:该船并非军队运输船,而是从英国伦敦开往美国的客轮"亚瑟尼亚"号,死者大部分是平民百姓,其中有22名美国人。英国愤怒了,美国震惊了,指责德国无视于国际法,从事无限制的战争。德国政府否认了这桩事件。

由于担心美国借口参战,希特勒一口咬定这不是德国潜艇所为。邓尼茨指令林普艇长把当天的航海日志撕掉,换上了不曾记录这桩事件的另外一张日志。艇员个个信誓旦旦,答应严守秘密。

☆ "勇敢"号的灾难

"亚瑟尼亚"号事件发生后,希特勒对潜艇的活动作了进一步的限制。他立即下令,今后对任何客轮,无论它属于那一国,是否有护航舰保护,潜艇都不得将其击沉。

邓尼茨被这一道命令所困扰,在这样的限制下,潜艇还能有什么作为呢?于是他通过海军总司令部,说服希特勒收回成命,放松对潜艇作战的限制。这样一来,潜艇所受到的限制才逐渐地被放松。

▲ 1939 年 9 月 17 日，英国"勇敢"号航空母舰被德国 U 艇用鱼雷击沉，518 人丧生。

9月23日，由于海军总司令雷德尔提出请求，希特勒允许击沉那些已被下令停止航行，但仍使用无线电与陆地联系的商船。第二天，在雷德尔的鼓动下，希特勒又取消了不能攻击法国船队的命令。

自此之后，对潜艇作战的限制措施逐一被取消：9月30日取消了对北海作战的限制；10月2日取消了对英、法海岸作战的限制；10月17日，凡是被认为属于敌人的舰只，潜艇可以随心所欲地将它们击沉；10月19日，凡是在西经20度海域以内实行灯火管制的船只，潜艇可以完全不顾战时攻击舰只的规定予以击沉。

纳粹德国海上战争的舞台，已逐渐扩大了。而这正是以邓尼茨为首的德国海军首脑们盼望已久的。在对潜艇战的限制取消之前，邓尼茨并没有坐等，一直在搜寻合法目标进行攻击。他要让希特勒对潜艇部队刮目相看。

9月14日，英国航空母舰"皇家亚克"号正航行在苏格兰西北部的赫布立群岛附近的海面上。

德国U－39号潜艇正好在此与之相遇。按当时的规定，敌国的航空母舰属于潜艇的主要攻击目标之一，因此艇长格拉斯少校立即下令发射鱼雷。然而鱼雷提早爆炸，结果只对航空母舰打了个"擦边球"。

就在这时，一艘担任护航任务的英国驱逐舰及时赶来，投下深水炸弹炸沉了U－39号潜艇，并俘虏了艇上的全体乘员。

U－39号潜艇被击沉后，邓尼茨感到焦虑不安，时刻等待着主子的怒斥。好在三天后，U－29号潜艇的攻击获得意外的成功。

9月17日，U－29潜艇静静守候在英吉利海峡西侧的海中，潜望镜探出海面四处张望着。不久，潜望镜中出现了1艘万吨级的客轮。同时，还发现了一架护卫飞机正在客轮的上空盘旋飞行。

艇长修哈尔德少校下令跟踪这艘客轮。客轮突然改变了航线，速度很快。由于在水中航行速度缓慢，U－29号潜艇被远远地甩开了。

目标就要消失在视野之外。修哈尔德准备命令潜艇浮出海面，并以全速前进跟上客轮。突然，修哈尔德在潜望镜的左舷水平线上发现了一个小黑点。仔细一看，竟然是一艘更为庞大的航空母舰。他兴奋得发抖，早已忘掉了正在追踪的客轮。

这是英国皇家海军的"勇敢"号航空母舰。U－29号潜艇小心翼翼地尾随在"勇敢"号后面。大约2个小时之后，航空母舰进入了鱼雷有效射程之内。恰在此时，航空母舰突然改变航线，在U－29号潜艇的眼前暴露出长长的侧腹，这正是U－29号最好的攻击角度。

真是天赐良机！修哈尔德对准航空母舰连发3枚鱼雷，同时紧急下潜，以防止护卫驱逐舰的攻击。

在水下，他连续听到了三次爆炸声，紧接着，又陆续传来一阵阵爆炸声。修哈尔德判断，航空母舰被击沉了。

事实的确如此，U－29号的3枚鱼雷都命中了"勇敢"号航空母舰，舰上的518名官兵沉入了海底。

随后赶来的英国护卫驱逐舰展开了报复行动，向U－29号展开了深水炸弹攻击。一枚接一枚的深水炸弹在U－29号附近爆炸了。潜艇被振动得猛烈地左右摇晃，所幸的是没有受到严重损害。U－29号最终逃脱险境，平安返回基地。

邓尼茨终于可以扬眉吐气了。U－29号的告捷，使德国军政要员们认识了潜艇的真正价值。

如今，邓尼茨把目标对准了英国皇家舰队的斯卡帕军港。

☆ 征服斯卡帕湾的"雄牛"

斯卡帕湾对于德国海军来说，是一个耻辱的标志。它位于苏格兰北方的奥克尼群岛，四周群山环抱，是一片面积为340余公顷的深水良港。它东面与北海相通，西接大西洋，地理位置十分重要，是一个富有战略意义的锚地。湾内的斯卡帕军港是英国海军的主要基地之一。

第一次世界大战时，德国潜艇曾两次出击斯卡帕军港，但是都以失败告终。1918年，德国战败。第二年，德国海军的舰只被全数囚在港内，后一道自沉。

邓尼茨要洗刷德国海军的耻辱，杀杀英国人的锐气。鉴于第一次世界大战时有过两次失败的教训，他一时不敢贸然行事，把重点放在掌握有关斯卡帕军港的情报上。

要袭击斯卡帕军港困难很多。斯卡帕湾的海流湍急，在彭特兰湾流速达10节。由于潜艇的水下最高速度仅有7节，这意味着潜艇无法逆流而进。而斯卡帕军港入口处戒备森严，整个军港的防卫十分周密。

9月11日，邓尼茨从第2航空队收到一份补充的情报，他们已拍摄了斯卡帕、弗洛塔以北地区的、绥萨与里沙之间海峡内的轻、重型英国军舰。此外，他又从U－16号潜艇得到关于巡逻、灯塔和海流的情报。U－16号艇长建议，最好从霍克沙海峡乘启闸之机闯进斯卡帕湾。于是邓尼茨要求第2航空队设法拍摄关于该港各入口设防情形的照片。

经过对材料的仔细研究之后，他得出如下结论：

1. 穿越雷克沙海峡的障碍是办不到的。穿越绥萨海峡和克勒斯特朗海峡的企图，也是徒劳。

2. 霍姆海峡完全被沉船所阻塞。在其南面直到兰勃·雷姆只是一条约15米宽的水道，水深1米，其两旁较浅，两岸没有居民。他认为当水势缓慢时乘夜由水面穿越确有可能。最大的困难乃是航海。

邓尼茨决定让U－47号艇长普莱恩少校来执行这个任务。因为普莱恩技艺高超，胆大心细。

10月1日，邓尼茨在"维斯杜拉"号供应舰的军官舱里召见了普莱恩。

"普莱恩少校，我想让你执行袭击斯卡帕军港的任务。这项任务存着一定的危险，你把这些资料拿回去研究一下，接受，或是不接受，在两天之内给我答复。"邓

▲ 德国最早的潜艇编队是由 13 艘潜艇组成的韦迪根舰队。

尼茨的语气十分严肃。

"明白了，长官。"普莱恩接过资料，匆匆离开了军官舱。

普莱恩上尉，出生于德国莱比锡一个工人家庭，从小家境贫寒。幼年丧父，只有母子相依为命。在他 15 岁的时候，普莱恩对母亲说："妈妈，我想当一名海员。"

此后，小普莱恩把家里仅有的几马克钱和几件破旧的衣裳放进一个帆布包，告别了母亲，步行前往位于芬肯韦尔德尔的海员学校。毕业后，他被派到一艘旧式的"汉堡"号帆船上去当船舱服务员，从此开始了他的海上生涯。

1931 年，德国海军征募商船船员入伍，普莱恩早已厌倦了服务员的生活，像许多受纳粹宣布所蒙骗的年轻人一样，他幻想着为德意志民族的崛起建功立业。走入了海军的行列。经过基尔潜艇学校学习后，普莱恩被分配到潜艇上工作，当了 5 年的值更官。1938 年春，他担任了艇长。

▲ U－47潜艇长普莱恩被邓尼茨（左）授予骑士十字勋章。

当天晚上，普莱恩充分研究了所有作战海图以及提供的有关资料后，第二天他来到邓尼茨的办公室。

"愿意接受任务，长官。"普莱恩将自己拟制的计划交给邓尼茨，胸有成竹地说："我认为10月13日深夜是进攻的最佳时机，因为这天晚上恰逢新月，而且水流较缓的时间是在黑夜里，潜艇出入不易被发现。"

"很好！你的艇即刻备航，不要带水雷，只带鱼雷，准备出海。"邓尼茨说。

6天后，U－47号潜艇驶出基尔港。它横穿北海，日夜兼程地向奥克尼群岛驶去。与以往出海作战不同，普莱恩没有向水兵们透露此行的目的地和要执行的任务。

10月13日清晨，普莱恩艇长把U－47号潜艇静悄悄潜入海中之后，才向艇上的全体人员揭开了谜底，交待了此次出航的作战任务。

水兵们听完后，顿时兴奋了起来，他们早就盼着这一天了。不用动员，乘员们的士气就很高昂，普莱恩少校十分满意。

傍晚时分，U－47号潜艇浮出了水面，急速地向斯卡帕湾航行。此时，月亮还没有升起，但普莱恩少校始料不及的是，这一夜发生了异常的极光现象，极光把大海照耀得如同白昼。

尽管遇到这个意外的不利因素，普莱恩舰长却不愿意贻误战机。

"继续前进！"

U－47号潜艇在水面上缓缓前进。不一会儿，柯克水道豁然在目。原来，斯卡帕湾共有7个入口，除了柯克海峡之外，其余的6个入口全都设有防潜网、防潜棚和水雷场，并有警戒舰艇封锁，潜艇无法通过。根据德国海军的侦察，只有柯克海峡防范不甚严密。这是因为柯克海峡本身就是一道天然的屏障。海峡水道狭窄多变，水流汹涌异常，水下遍布巨大险峻的岩石，是一个易守难攻的险要之地。为了以防万一，英国人还在海峡内凿沉了3艘旧船，为海峡设置了一道人工屏障。按照计划，普莱恩是要从柯克海峡突入斯卡帕湾。

3艘沉船互为依托，鼎足而立，横扼在海峡的咽喉。普莱恩下令直驶两船之间宽30余米的水面。操舵员熟练地操纵潜艇在两船之间穿插。潜艇成功地绕开了第一艘沉船，继续向湾内缓缓地移动。借着涨潮的潮流，第二艘沉船眼看也要绕过去了，不料潮水打旋，将艇猛向右推，艇体触地颤抖起来。潜艇随时都有搁浅的危险。

　　普莱恩当机立断，下令左舵停机，右舵低速运行，以使艇向左转，脱离开浅岸，恢复原舵位。

　　潜艇费了九牛二虎之力才从旋流中解脱出来，渐渐地离开了海底，回到它狭窄的航道上。

　　终于，U－47号潜艇深入到斯卡帕军港。普莱恩松一口气，一看表，时间是10月14日0时27分。

　　潜艇在水中缓慢地移动，大约走了3.5海里，普莱恩没有发现任何目标。他转舵向左，绕了一个大圈，驶向梅茵岛。

　　蓦地，前方出现了一个暗淡的影子。渐渐地影子越放越大，露出了英舰独特的三脚桅和大炮塔。后面约1海里处，还有1艘舰。普莱恩暗暗窃喜：这是2艘战列舰，一艘显然是"皇家橡树"号，而在后面的那艘肯定是"力伯斯尔"号。

　　"一号管发射！"

　　"二号管发射！"

　　"三号管发射！"

　　普莱恩果断地下达了一连串的攻击令。

　　3枚鱼雷呼啸着飞向目标。仔细观察，其中1枚鱼雷命中了"皇家橡树"号战列舰。

　　尽管"皇家橡树"号战列舰被鱼雷命中，但它却没有造成任何损伤。普莱恩艇长大失所望。他原以为驱逐舰将会追踪而至，接着用深水炸弹进行攻击，却想不到四周仍然是静悄悄的，好像什么事情也没有发生过。

　　第一次攻击完毕后，普莱恩下令潜艇后撤一段距离。鱼雷兵继续忙碌着装填鱼

▲ 德军 U 艇柴油机室。

雷，准备再次攻击。普莱恩艇长在潜艇上伫立，紧张地观察着海湾的动静。

午夜 1 点 16 分，U－47 号潜艇再次进入发射阵地，进行了第二次鱼雷发射。3 枚又射向"皇家橡树"号战列舰。

这一次，普莱恩少校终于看到了惊天动地的场景。

随着三声巨响，在一片火光中，水柱夹着浓烟冲向空中，被炸坏的战列舰碎片四处飞溅，有些碎片还散落在 U－47 号的周围。

"皇家橡树"号战列舰在连续的爆炸声中呈 40 度大倾斜，桅顶折断，大炮不由自主地下旋，一头扎向水中。舰体逐渐被大海吞没，包括舰长在内的 833 名官兵未及逃离，全部遇难。

直到这时，斯卡帕军港内的其他英国军舰才大梦初醒，急忙启动舰艇寻找入侵的潜艇。

普莱恩艇长下令机务员把发动机全部打开，以最快的速度调头向柯克海峡逃遁。

突然，一艘驱逐舰正不断用探照灯向海面照射，并向 U－47 号潜艇紧追而来。普莱恩艇长感到不妙。水兵们屏住呼吸，紧张地盯着驱逐舰。

不料，英国驱逐舰却猛然改变航向，在距 U－47 号潜艇很远的地方投下了深水炸弹。

U－47 号潜艇凭着来时的经验，飞快而灵巧地绕过沉船和险礁，顺利地驶出了柯克海峡。

几天后，普莱恩艇长才获知：英国计划于次日在柯克水路的狭道的沉船旁边，再沉下一只旧船。如果在当天沉下那条旧船的话，U－47 号潜艇就可能无法通过水路了。这件事发生之后，英国舰队很快转移到其他停泊处，并开始加强对斯卡帕军港的防范。

10 月 17 日清晨，U－47 号潜艇抵达威廉港。码头上，军乐队奏起了凯旋曲，德国海军总司令雷德尔元帅和邓尼茨亲自赶来迎接，并向普莱恩颁发一枚一级铁十字勋章，同时颁发给全体乘员每人一枚二级铁十字勋章。

▲ 在基尔的德国克鲁普造船厂，新式潜艇正整装待发。

在表彰普莱恩和 U－47 号潜艇的同时，雷德尔元帅还正式宣布：邓尼茨由准将晋升为海军少将。

普莱恩顿时成为举国闻名的英雄，纳粹电台大肆吹捧，称他是一头征服了斯卡帕湾的"雄牛"。

这次袭击使希特勒感到十分满意。这种昔日不屑一顾的小兵器，一夜之间竟成为他手中的一张王牌。

希特勒当即批准邓尼茨建造潜水艇的计划。潜水艇造船厂由 3 个发展到 16 个，潜水艇建造速度由每月 4 艘增加到 20～25 艘。同时，他让邓尼茨放手大干，同意他采取"先发制人，进行无限制潜艇战"的战术。

从此，在广袤浩淼的大西洋上，一场空前规模的商船袭击战拉开了帷幕。

第2章

CHAPTER TWO

"巡洋战"论的破产

丘吉尔又坐在过去他坐过的那张旧椅子上，看着1911年他亲自安置的木制地图箱，望着自己让海军情报局标注的北海地图，不禁感慨万千。雷德尔万万没有想到，希特勒竟如此迫不及待地要实现其独霸全球的美梦，在他的海军力量尚在蹒跚学步时，战争就打响了。哈伍德心想："好小子，我给你来个左右开弓，让你分散火力，顾此失彼。看你这回往哪儿溜！""海军上将施佩伯爵"号发出了一声惊天动地的爆炸声，战列舰像一幢高大的建筑物顷刻塌陷。

☆ 丘吉尔重返海军部

1939 年 9 月 3 日，英国首相府。

首相办公室，张伯伦正端坐在一张办公桌旁。他的对面坐的就是丘吉尔。一向优柔寡断的张伯伦慢条斯理地说：

"温斯顿，你的预见现在被证明是正确的。我们的盟国波兰遭到了德国的进攻，我们必须作出反应，现在已经正式对德宣战。"

"我很高兴首相能作出这一决定。"

"我现在决定成立战时内阁，并邀请陆、海军大臣参加，你看呢？"

"如果你认为这样合适的话，我没有意见了，但我想还是让年轻些的人参加为好。"

"不用说了。我想请你出任海军大臣。我知道，你过去在这个部门工作过，有经验处理好这个部的事情，不知你意思如何？我想你不会让我失望吧？"

"当然，首相先生。"

"那好，你现在就给海军部捎信过去，下午去那里就任。"

"是！"丘吉尔高兴地回答，并作了一个军人立正的姿势，虽然动作缓慢，但仍然很标准。

当天下午，丘吉尔就来到了海军部他原来的办公室。他又坐在过去他坐过的那张旧椅子上，看着 1911 年他亲自安置的木制地图箱，望着自己让海军情报局标注的北海地图，不禁感慨万千，25 年前的大海战，又浮现在他的眼前：

1911 年丘吉尔出任英国海军大臣，领导组建海军参谋部。

1915 年，他主张英军在达达尼尔海峡登陆，进攻土耳其，以便于包围德国。登

▲ 1939 年 9 月 5 日，丘吉尔离开海军司令部前往唐宁街 10 号的战时内阁出席会议。

陆战役持续8个多月，英法军队伤亡惨重，最后被迫撤退。因此，费希尔第一海务大臣引咎辞职，随后，丘吉尔也被解除了海军大臣职务，并前往法国作战，任步兵营营长。

光阴荏苒，25年前的情景，仿佛又在今天重演，现在，英国又面临着同一个德国的威胁。

丘吉尔知道，在目前战争危机的严重情况下，英国海军对国家的生死存亡能起到关键的作用。

因为英国位于欧洲西部，四面环海，是大西洋中的一个岛国；英国本土的自然资源、人力资源以及市场有限，大战开始时，其75%的石油、95%的铜、99%的铅、88%的铁矿石、89%的小麦、84%的肉类和93%的食油都要依靠海外进口，每年进口货物达6,800多万吨。

英国拥有一支约2,100万吨的商船队，占当时世界商船总吨位的31.8%。每天平均有2,500艘船只在海上航行。英国海上交通线的总长度超过8万海里，海上交通线像血脉一样，源源不断地将"营养"、"氧气"输入到不列颠诸岛。

正因为海上交通线是英国的生命线，所以英国历届政府都把建立世界上最强大的海军置于首位。数百年来，正是巨舰大炮保卫着英国的生命线，维系着"日不落帝国"的神话。

现在海上交通线面临着严重的威胁。德国潜艇在大西洋击沉"雅典娜"客船的事件使丘吉尔感到不安，这预示着雷德尔将派他的战舰和潜艇到大西洋攻杀商船。

但值得庆幸的是，德国海军刚刚开始重建，尚没有形成一定的战斗力。他们只有战列舰（旧式）2艘、战列巡洋舰3艘、重巡洋舰2艘、轻巡洋舰6艘、舰队驱逐舰22艘。

而此时英国的水面舰艇的兵力有多少呢？英国对德宣战时，共有战列舰12艘、战列巡洋舰3艘、航空母舰8艘（舰载机500架）、重巡洋舰15艘、轻巡洋舰49艘、舰队驱逐舰119搜、驱逐舰64艘、扫雷舰和岸防舰45艘。

丘吉尔暗暗思忖，凭皇家海军的实力，对付德国的水面舰艇易如反掌。皇家海军只要将重兵屯于本土，封死北海，就能捆住德国海军的手脚。可德国神出鬼没的潜艇，虽然数量不多，但却像水中的泥鳅，你捉不到它，它却能看到你。如果让商船碰上，可就只有被动挨打了。

丘吉尔从战争一开始就意识到了潜艇对大西洋生命线的威胁。战后，他在回忆录中写道：

> 战争中，我惟一感到担忧的就是潜艇的威胁。它不是以耀眼的战争和显赫的战果的形式出现，而是通过数字，图示和曲线表证明自身的价值。我们的贸易生命线横越广阔的大西洋，尤其是英国近海的航线整个就暴露在危险之中。对于我来说，这一方面的作战，要比英国本土航空决战更令人担心多了……对我们来说，潜艇的攻击是最具毁灭性的灾难。德国人真聪明，竟然以潜艇下最大的赌注。

9月4日，丘吉尔主持召开了海军部的第一次会议。这次会议作出恢复英国商船航行护航体制的决定。当时护航制度也正在建立。所谓护航制度，系专指反潜艇护航而言。

护航运输队是指有战列舰、航空母舰、巡洋舰和护航军舰护送的远洋商船队。战争一开始，英国海军就和加拿大海军组成联合护航运输队。在蒙特利尔、魁北克、哈利法克斯、锡德尼和圣约翰等地组建了海上运输指挥部。

为了能够在战时随时接到信息、指挥部队和做出决策，丘吉尔还把自己的住宿搬进了海军部大楼，就同1913年一样，占用了一个套间。他还在宿舍的隔壁设立一间高级作战室，里面各种地图都很齐全。

丘吉尔上任后，就视察了英国沿海各基地的舰队，并向军官们谈论防止德U潜艇和飞机袭击的重要意义。就在他视察结束，于9月18日晚乘火车返回伦敦时，

▲ 1939年9月3日，英国客船"雅典娜"号被德国潜艇击中，尾部下沉。

THE BATTLE OF THE

ATLANTIC 二战经典战役全记录
魂归大西洋

▲ 刚刚接任首相的丘吉尔。

他接到在尤斯顿车站迎接他的海军部第一海务大臣德雷·费德海军上将的报告,英国的"勇敢"号航空母舰和"皇家橡树"号战列舰被德国海军击沉。

德国海军的行动比英国海军快了一步。丘吉尔立即决定让新闻界报道这一沉船事件,同时决定尽早向下院通报最初几周的海战情况。

☆ "海上巡洋战"

柏林,德国海军总司令部大楼一间宽敞的办公室里,雷德尔双肘紧压擦得锃亮的桌面,陷入了沉思。

雷德尔算得上是德国海军中的有识之士,他早就充分认识到了海上交通线对于英国的重要性。

1928年,刚刚登上海军总司令的宝座,他就发表了《海上巡洋战争》一文,提出海上交通线是英国的生命线,不仅其军事与海军威力,甚至其经济命脉及国家存亡都与海上交通线的安全与巩固休戚相关。德国在对英作战中要使用德国海军的基本兵力破坏对方的海上交通线,并主要采取"巡洋战"的方式,即在远离驻地的海区,大量使用互无联系的巡洋舰单独作战,袭击对方的运输船,破坏英国的海上交通线。

根据《凡尔赛和约》,战败的德国只能拥有6艘战列舰、6艘轻巡洋舰和12艘驱逐舰。雷德尔的前任小心翼翼,只在和约限定的范围内建造了几艘轻巡洋舰。30年代初,德国海军出现复苏征兆,在"德意志"号袖珍战列舰之后,"舍尔海军上将"号和"海军上将施佩伯爵"号也相继服役了。

同雷德尔一样,希特勒也是一个"水面舰艇决胜论"者,因此,雷德尔与英国进行"巡洋战"的设想,得到了希特勒的赞许。

战前，雷德尔向希特勒建议，建立一支具有强大战斗力的均衡舰队。这支舰队**必须以战斗群的编队形式攻击大西洋公海上的英国航线，并以这个方式实施经济战**，同时摧毁敌人的护航兵力。海军为组建这支舰队拟订了一个长期的造舰计划，也就是所谓的"Z"计划。

按照这个计划，预计到 1948 年将建成下列舰艇：

1．6 艘 50,000 吨级的战列舰（不含"俾斯麦"号和"蒂尔皮茨"号）；

2．8 艘 20,000 吨级的装甲舰（后改为 12 艘）；

3．4 艘 20,000 吨级的航空母舰；

4．大量的轻型巡洋舰；

5．233 艘潜艇。

这是一个以发展水面舰艇为主的计划。雷德尔自信，凭这样的兵力，再加上日本和意大利海军的配合，打垮英国皇家海军没有问题。

可是，雷德尔万万没有想到，希特勒竟如此迫不及待地要实现其独霸全球的美梦，在他的海军力量尚在蹒跚学步时，战争就打响了。

现在，雷德尔没有其他的选择，只能硬着头皮，去和自己的宿敌决斗。可此时，他手中的水面舰只少得可怜。无论从质量和数量上比较，德国水面舰艇的兵力，远远不是英国的对手。雷德尔提出将德国海军的主要兵力用于破坏英国的海上交通线是正确的，但在以何种手段达到目的的问题上却犯了错误。

当时，英国、法国和美国不仅水面舰艇的实力强大，而且训练的重点放在对付敌人水面舰艇方面，而在对潜艇斗争方面却比较薄弱。而雷德尔偏偏以自己的"短"去击敌人的"长"。拿一战后才刚刚起步的数量有限德国水面舰艇去与比自己强大得多的居世界实力之首的英美法海军决战，这显然是不明智的。

在战争前夕，雷德尔和希特勒都没有采纳邓尼茨关于立即加速建造潜艇的要求。

▲ 希特勒在威廉姆斯港参观战列舰，陪同的有海军上将雷德尔（前排左）。

1939 年 9 月 1 日，雷德尔下达了建造战舰的命令：

撤销和平（建造）计划。新的建造计划包括下列紧迫的任务：

1. 建造新的潜艇，其型号按潜艇司令的建议。

2. 继续建造 5 艘大型舰只：战列舰"俾斯麦"号和"蒂尔皮茨"号，巡洋舰"欧根亲王"号和"赛德利茨"号以及航空母舰"齐拍林"号。

3. 建造新的驱逐舰、鱼雷艇、探雷艇和扫雷艇，以及控制沿海海路所必需的捕鱼船；此外还要建造快艇。

希特勒同意了雷德尔的海军建造计划，并将优先顺序做了相应调整，把潜艇建造计划降至次要地位。

▲ 德国战列巡洋舰"海军上将施佩伯爵"号。

▲ 德国海军的轻型快速部队，具有德海军的共同特征，即远距离射击的高命中率。

"皇家橡树"号被U－47号潜艇击沉后，虽然使希特勒蔑视潜艇的观念有了很大转变，但"水面舰艇决胜"的传统观念在他头脑里根深蒂固，所以希特勒依然全力支持雷德尔的"巡洋战"。

德国的出海口不畅，为了避免大型水面舰只被英国皇家海军堵在门前出不去，雷德尔赶在战前先走了两步棋。一是将战列巡洋舰"海军上将施佩伯爵"号和"德意志"号派到了大西洋上，伺机截杀英国及其盟国的护航运编队；二是充分做好出兵占领挪威的准备。

一开局，他的棋下得高人一筹。"海军上将施佩伯爵"号战列巡洋舰在战争开始后，采取声东击西、灵活机动的战术，3个月内在南大西洋先后击沉"克莱门特"号、"阿什利"号等9艘英国运输船，总吨位达5万吨，对英国海上交通线造成严重威胁。

"德意志"号也身手不凡，在大西洋东游西窜，扰得皇家海军心神不安。"德意志"号在吸引了大量敌兵力的同时，还悄悄截杀了3艘商船，已安全返回德国本土。

现在，雷德尔正期盼着"海军上将施佩伯爵"号带来更好的礼物。

此时，"海军上将施佩伯爵"号正在南大西洋行驶着。东方一轮红日冉冉升起，蓝蓝的海面上，轻轻掀动着白色的浪花。舰长兰斯多夫正得意洋洋地叼着雪茄，在舰桥上来回踱步。

"海军上将施佩伯爵"号战列舰是一战时一位海军上将的名字命名的。1914年11月，海军上将施佩伯爵率领德国分舰队，在智利科罗内尔岛附近海面击沉了2艘英国军舰。为了纪念这位将领，德国海军将1936年建成服役的一艘袖珍战列舰命名为"海军上将施佩伯爵"号。该舰是作为袭击商船的战舰设计的。标准排水量12,500吨，最高航速26节。以15节航速行驶时，续航距离10,000海里。它装有2座三联装279毫米主炮，可发射300公斤炮弹，射程15海里。另外，它还装有8门150毫米副炮和6门104毫米炮。可以说，任何一艘单独的英国巡洋舰都不是它的对手。

"海军上将施佩伯爵"号在南大西洋频频得手，数次得到海军总司令部的表扬。兰斯多夫并不满足，还要捕获更大的猎物，但令他想不到的是，自己的战舰已被英国海军悄悄盯上了。

英国海军部于10月5日抽调28艘大型军舰为骨干，组建了8个搜索群派往南大西洋海区，其中由哈伍德准将指挥的分舰队以福克兰群岛为基地，担任南大西洋西部一带的巡逻和警戒任务。

经过近2个月的搜索，哈伍德终于捕捉到德国"海军上将施佩伯爵"号的踪迹。

12月13日清晨，哈伍德指挥的分舰队位于距蒙得维的亚大约350海里处。哈

▲ 英军"埃克塞特"号巡洋舰正在攻击"海军上将施佩伯爵"号。

伍德下令舰队排成单路队列,"阿哲克斯"号轻巡洋舰在前,"亚几里斯"号轻巡洋舰居中,"埃克塞特"号重巡洋舰殿后,以14节航速向东北方向行驶。

6时14分,一名瞭望哨发现遥远的海面上升起了缕缕青烟,距离10海里。哈伍德即令"埃克塞特"号前去察看情况。

"埃克塞特"号离队北驶,不久发回电报:"目标为一艘德国袖珍战列舰。"

哈伍德心想:"好小子,我给你来个左右开弓,让你分散火力,顾此失彼。看你这回往哪儿溜!"

他立即下达命令:"'埃克塞特'号转向西行,绕到德舰的右舷;'阿哲克斯'号和'亚几里斯'号向东驶,绕到德舰的左舷占取有利阵位。"

哈伍德举目眺望,各舰大炮转动,战旗在桅顶和桁端高高飘扬。3艘英国巡洋舰加速航进,就像3只雄狮,一起向德舰直扑过去。

☆ "海军上将施佩伯爵"号

这时,兰斯多夫正悠然自得地在餐厅吃早点。突然,话筒内传来了瞭望哨激动的惊呼声:"前方发现英国舰队,正从两翼夹击过来。"

兰斯多夫推开桌上的盘子,跑步奔向舰桥。他举起望远镜,3艘英国舰艇正在向他的两舷驶来。

根据英舰的桅杆,兰斯多夫判断英舰队为一艘重巡洋舰和2艘轻巡洋舰。他轻蔑一笑,旁若无事地点燃了一支雪茄,狠狠吸了两口,直到吐出的烟团慢慢散开后,才猛地一挥手,下令拉响战斗警报。

兰斯多夫并不把英舰放在眼里。因为"海军上将施佩伯爵"号火力很强,而且具有一定装甲防护力的战列巡洋舰,英国几艘巡洋舰的总火力虽然超过德舰,但却

▲ 德"海军上将施佩伯爵"号巡洋舰起火。

没有装甲防护能力。而且，德舰舰炮的射程和口径都要超过英舰。因此，虽然英舰的数量多，但双方战斗力的差距并不大。

他沉着应战，等到英舰刚刚进入射击距离，果断地下达了攻击令："前主炮，对准敌驱逐舰；尾主炮，对准敌巡洋舰！"

接到命令后，枪炮指挥官喊道："目标轻巡洋舰，距离 17,100 米；重巡洋舰，13,700 米。"

兰斯多夫一口吐掉雪茄，突然朝话筒大喊；"开火！"

一阵猛烈的齐射，如闪电雷鸣。兰斯多夫目不转睛地观察着弹着点，只见英舰前方水柱升腾，两次齐射炮弹都打近了。

这时，英舰开始还击，一发发炮弹猛泻到"海军上将施佩伯爵"号的周围。顿时，"海军上将施佩伯爵"号四周水柱林立。

兰斯多夫看到，"阿哲克斯"号和"亚几里斯"号距离尚远，火力威胁不大；而"埃克塞特"号的距离较近，舷侧重炮火力凶猛，威胁较大。他当即命令"海军上将施佩伯爵"号掉转炮口，用全部6门279毫米主炮，集中轰击敌重巡洋舰。

又是一阵猛烈的齐射，炮弹在"埃克塞特"号船舷爆炸，弹片溅落到甲板上，将右舷舱面上的鱼雷兵全部炸死。一颗穿甲弹击中了B炮塔，将炮塔炸飞到空中。"埃克塞特"号驾驶台被毁，战舰失去控制，向右摆头。

但是，顽强的英舰"埃克塞特"号没有停止战斗，它用尾炮向"海军上将施佩伯爵"号射出了一枚枚203毫米炮弹，其中有一枚恰好击中了"海军上将施佩伯爵"号的首楼。

这里，"阿哲克斯"号和"亚几里斯"号像雄狮一样向德舰猛扑过来，直冲过来，将一发发炮弹猛泻到德舰的主甲板上。"海军上将施佩伯爵"号38毫米厚的装甲舰舷被撕开了好几个口子，火控系统瘫痪。

兰斯多夫赶紧调整火力，一门279毫米主炮和一门150毫米副炮转向左舷，迎击2艘英舰。"埃克塞特"号则趁机逼近，向德舰右舷连续发射了4枚鱼雷。

"海军上将施佩伯爵"左右受敌，被炮弹击中的首楼，黑烟卷着火蛇漫天乱舞。舰的主通道和食品库被炸得一片狼藉，36名官兵阵亡，尸首横卧，血水在甲板上流淌着。

兰斯多夫不敢恋战，急忙下令施放烟幕，转舵逃跑。它边打边撤，射出的一颗279毫米炮炮弹击中了"阿哲克斯"号，将该舰的4门152毫米炮全部炸哑。

但是，"阿哲克斯"号仍不顾一切地猛冲过来，在9,000米的距离上，又发射了4条鱼雷。

这时，"埃克塞特"号舱内浓烟滚滚，大火冲天，舰体严重右倾，歪歪斜斜地掉头回驶。

"海军上将施佩伯爵"号没有追击，赶紧掉转前主炮，轰击冲到它鼻子底下的

▲ 德"海军上将施佩伯爵"号自沉的场景。

巡洋舰"阿哲克斯"号。

一颗重磅炸弹击中了"阿哲克斯"号,打断了它的主桅,使其被迫拉开距离,退出了战斗。

这场海战,双方打了个平手。2艘英舰受创,哈伍德少将被迫指挥舰队退出战斗。德舰"海军上将施佩伯爵"号伤痕累累,已无力再战,兰斯多夫只得指挥战舰脱离战斗接触。

英舰的身影在海面上消失后,兰斯多夫急忙走下舰桥,查看军舰的伤势,"海军上将施佩伯爵"号中了2颗203毫米炮弹,破损严重。

兰斯多夫十分沮丧地垂下脑袋。现在,他的战舰急需补充燃油和修理破损。返回德国似无可能,他的行踪已经暴露,对手决不肯轻易放过。他踌躇再三,决定先去附近的中立国乌拉圭的蒙得维的亚港。

这时,英舰并没走多远。当"海军上将施佩伯爵"号向西行驶时,2艘英舰尾追而来,与"海军上将施佩伯爵"号若即若离。哈伍德眼瞅着这艘身负重伤的战舰缓缓驶入蒙得维的亚水道,显然,它想去中立国乌拉圭的蒙得维的亚港。

哈伍德决定:停止昼间战斗,跟踪监视敌舰,瞅准机会于夜间接近敌舰干掉它。同时,他命令英国"坎伯兰"号重巡洋舰立即从福克兰群岛赶来。

英国海军部派遣载有60架飞机的"皇家方舟"号航空母舰和装备有6门381毫米大炮的"声望"号战列舰赶到蒙得维的亚助战,封锁普拉塔河口,阻止德舰出航大西洋。

"海军上将施佩伯爵"号在蒙得维的亚港刚刚抛锚,乌拉圭、德国、英国和法国的代表便唇枪舌剑,在谈判桌上展开了激战。

德国代表兰曼指出:"战舰必须在港口修好破损才能恢复航海性能,希望能延长在蒙得维的亚港停留的时间。"

英、法代表针锋相对,立即提出抗议,他们提醒乌拉圭政府:"按照有关国际法的规定,交战国的舰只在中立国港口停留的时间不得超过24小时。"

▲ 德"海军上将施佩伯爵"号自沉的场景。

兰曼反驳道："根据伦敦宣言第14条，军舰受损和坏天气两种情况除外。"

英、法代表则坚持说："'海军上将施佩伯爵'号只是受了点轻伤，完全可以出海。"

当时，乌拉圭政府虽然态度倾向盟国，但又不愿与德国公开闹翻，因此，它建议成立一个小组来调查德舰的伤势。调查小组经过调查后得出的结论是："海军上将施佩伯爵"号确实不能马上出海，但在港内修理3天后就可航行。

德国代表对这一结论表示强烈抗议，而乌拉圭政府却顺水推舟，接受了这个方案。

12月15日，兰斯多夫获悉英国"坎伯兰"号重巡洋舰从福克兰群岛赶来，加入了"阿哲克斯"号和"亚几里斯"号的行列。3艘英舰已全部聚集在港口以外，将蒙得维的亚港封了个严严实实。

兰斯多夫向柏林报告了这些这一情况。不久，他收到了雷德尔的回电，随即派人和乌拉圭政府交涉，希望延长停留时间。

17日傍晚，德国的要求遭到拒绝。乌拉圭政府通告"海军上将施佩伯爵"号，

▲ "海军上将施佩伯爵"号舰长汉斯·兰斯多夫，后自杀。

必须于 18 日下午 6 时驶离港口，不然该舰将被扣留至战争结束时止。

兰斯多夫绝望了，他让一艘德国油船和 2 艘租用的拖船靠上战列舰，接走了绝大部分船员。"海军上将施佩伯爵"号只留下几个人。

18 日傍晚，夜幕刚刚降临，"海军上将施佩伯爵"号在拖船和摩托艇的引导下，缓缓向港外移动。

岸上挤满了黑压压的人群，他们都想知道这艘战舰的命运如何。"海军上将施佩伯爵"号要想逃生，只能在天黑以前强行冲出英舰的严密封锁圈。这只有万分之一的机会。

当"海军上将施佩伯爵"号西行 3 海里后，兰斯多夫下令关闭主机。他走下舰桥，来到底层检查放置炸药的舱室。

检查完毕后，兰斯多夫和留舰人员登上拖轮，离开了战舰。8 时 44 分，他揿动开关。

"海军上将施佩伯爵"号发出了一声惊天动地的爆炸声，38 毫米厚的钢板被炸裂得粉碎，舰体猛烈颤抖，熊熊烈焰在空中飞舞，浓烟从甲板的破口往上直窜。战列舰像一幢高大的建筑物顷刻塌陷。

船员们紧紧抓住拖轮的舷侧栏杆，眼瞅着这艘不可一世的战舰被波涛汹涌的大海吞没。兰斯多夫泪流满面，他挥挥手，让拖轮横穿拉普拉塔河口，直驶布宜斯艾利斯。但阿根廷政府并没有把他们当客人相待，指控他们偷渡国境，将其全部拘捕。

兰斯多夫一行被关押到一家海军工厂。12 月 19 日晚，兰斯多夫坐在房间里留下遗言：

"从我炸毁'海军上将施佩伯爵'号那时候起，我就决心随我的战列舰的命运而俱殒了。我指挥下的年轻的水手们都很安全……"

兰斯多夫忠实信守他所奉行的海上法典，把一只左轮手枪对着自己的太阳穴，一颗子弹穿透了他的头部。

"海军上将施佩伯爵"号的沉没，是对德国海军"巡洋战"战略的打击。

第3章　CHAPTER THREE

大西洋上的"狼群"

邓尼茨放出的这些"独狼"，虽然数量不多，但是它们狠毒有余。修尔杰在那天的航海日记中写道："我们脱出了重围。"这些"窝囊的鱼雷"白白错过了两次机会，功没立成，还差点让他们丢了命。普莱恩恼怒不已地说："木制的枪还能够用来打仗吗？"一股令人沮丧的绝望撞击着茨安艇长有些脆弱的神经，从此，茨安艇长变得喜怒无常，神经兮兮的，精神状态混乱不安。"狼群"一旦发现猎物便紧紧咬住不放，要想甩开它或驱散它都非常困难。

☆ 狠毒有余的"独狼"

德国海军总司令部，雷德尔神情黯然，"海军上将施佩伯爵"号的自毁和兰斯多夫的自毙，对他来讲，如当头一棒。元帅似乎一夜之间，衰老了很多。

"报告！元帅。"

雷德尔从沉思中惊醒过来，随口说道："进来！"

邓尼茨走了进来。雷德尔毫无表情地抬头看了一眼，示意他坐下。

"知道我叫你来做什么？"雷德尔忧郁的目光盯在邓尼茨的脸上，说道："你知道，'海军上将施佩伯爵'号战列舰已经阵亡了。我们现在的形势很严峻。英国人对我们实行了极其严密的封锁政策，妄图把德国的贸易往来从海上驱逐出去，阻止德国的一切输入。现在我们的海上运输几乎中断。大部分商船在中立国的港口躲避，有的在中途被堵截，还有的被英国俘获，可我们有限的战舰无力保护它们。英国皇家海军的力量太强大了。"

"元帅，你知道，英国的经济和工业，英国人的生存，以及英国同欧洲大陆的敌人进行战争，全都依赖数量庞大的海上输入。海上运输对于他们比对于我们更为重要，至少我们的粮食等农产品可以自给自足。"邓尼茨总算有了表现的机会，他滔滔不绝地说：

"因此，我认为我们必须把对英国商船的进攻放在重要的战略地位。但用我们有限的战舰来干，好比以卵击石。在这方面，德国的潜艇起到了重要作用。且9月份，我们的U艇击沉英国商船41艘，10月份27艘，11月份21艘，12月份25艘。而我们的潜艇只损失2艘。另外，我们的U艇还击毁了不少英国战舰。"

"可我们的潜艇力量太少了，只有22艘可到大西洋作战。"雷德尔似乎从绝望中看到了一线希望。

"所以，我们建议，我们一方面加快建造潜艇的速度，一方面尽可能经济地使用潜艇，这就是，将潜艇派到最易击沉敌方商船的地方去。"邓尼茨不失时机地说。

的确，正如邓尼茨所说，德国潜艇对英国海军舰艇的攻击屡屡得手，固然有其叫绝之处。但是最令人刮目相看的，还要数德国潜艇对盟军商船进行袭击的顽强精神了。

在这种对商船的作战方面，大多数德国潜艇艇长都创下了赫赫战绩。虽然他们不像 U－47 号的普莱恩、U－29 号的修哈尔德、U－30 号的林普等那样被广泛地宣传，但是也大多圆满地完成了任务。

邓尼茨放出的这些"独狼"，虽然数量不多，但是它们狠毒有余。U 艇的官兵们好像是上了瘾的吸毒者，明知有生命危险，依旧视毒如命。他们惟一感到安慰的是：击沉一只又一只商船，就能使英国早日投降。

U－48 号的艇长修尔杰少校，前后共击沉敌船 10 万吨，是最初获得骑士十字勋章的艇长。在初期作战中，修尔杰艇长攻击了 2 艘伴有护卫舰的货船，将其中的一艘击沉了。

一天，一支有 25 艘舰船的英国护航运输队驶入 U－48 的伏击圈。修尔杰下令对其中 2 艘货船进行攻击，一只货船当即被鱼雷击沉。

敌方的护卫舰立刻进行反击，U－48 号被迫急速潜航。

30 分钟后，修尔杰艇长再度上浮到海面，他看到英军的"栅达兰"号军舰正在迎面扑来。

修尔杰立即跳下舰桥，飞快地窜入甲板升降口，大声命令：

"潜航！"

海水涌进压载舱，空气很快被排尽，潜艇开始潜航。为了使艇首尽快下潜，艇员们都集中到潜艇前部，簇拥在艇首的发射管前。

▲ 由于潜艇损失严重，德国工厂正加紧建造。

ATLANTIC 二战经典战役全记录
魂归大西洋

▲ 希特勒检阅潜艇部队。

当海水刚刚淹没U艇的指挥塔时，一连串猛烈的爆炸声便传了过来，U艇艇首立刻向下垂落，艇员们冷不防被向前推去。

潜艇还没恢复到水平状态，又传来了驱逐舰接近的马达声，接着便响起了潜艇探测器的音波碰到潜艇艇体后被弹回所发出的声响。艇员们紧张地屏住呼吸，大气都不敢出。

潜艇探测器是英国于30年代发明的一种超声波的水直回音装置。

英舰的第一枚深水炸弹投了下来，U－48号受到爆炸的冲击而剧烈地震动起来。

艇员们惊魂未定，第二枚深水炸弹又投了下来，这回比第一枚投得更近，U－

48 号摇晃得更加厉害，不停地抖动。

修尔杰沉着地下令改变航线，进一步下潜，缓慢地前进。20 分钟之内没有出现任何意外的情况。

他终于松了一口气，脸上露出了一丝得意的笑容。他以为逃出了险境，想不到接连而来的第三枚深水炸弹来得更近了，破坏了舰内的深度计及通信装置，还好耐压舰体没有遭到破坏。

修尔杰急令潜艇沉到海底，关闭柴油推进机和一切发音装置。

海面的英国驱逐舰仍在寻找 U－48 号的踪迹，因为潜艇上的乘员还能够听到军舰发动机的声音，敌舰似乎正来往于海面上追寻。

过了一会儿，深水炸弹又展开了集中攻击，在 U 艇的前后左右接连爆炸，艇内的陶瓷洗脸池和厕所的台座被震坏了，有些灯泡因猛烈的震动而破碎，指挥塔上的回转针被震断。

U 艇像缩头乌龟一样，在海底一直等到天黑，才把潜艇浮到 60 米的深度。前进约 4 公里之后，浮到了安全的海面。

修尔杰在那天的航海日记中写道："我们冲出了重围。"

德国潜艇这类惊心动魄的经历，在开战初期的几个月是经常碰到的，也是屡见不鲜的事。不过在攻击船队方面所创下的战果，已经足以安慰潜艇部队官兵所经历的恐怖，弥补潜艇自身的损失。

从第二次世界大战开始到 1939 年底，计有 114 艘盟国商船被潜艇所击沉。到 1940 年 1 月，被潜艇击沉的商船数为 40 艘，总吨位共达 11.1 万吨，战果数量再度上升，2 月份便达到了 45 艘，11.7 万吨，潜艇又进入了最活跃的时期。

潜艇战果辉煌，战绩直线上升。邓尼茨感到潜艇单独作战毕竟威力有限，开始考虑采取狼群战术来对付大西洋上的护航队，而以较小的潜艇来攻击英国和斯堪的纳维亚各国以及和波罗的海各国的交通线。为此，他想把潜艇部署在挪威诸港口的附近。对大西洋和北海的潜艇下达的作战命令已经起草好了。

☆ 木枪怎么能打仗

正当邓尼茨豢养的"狼崽"在北大西洋神出鬼没、大打出手时,不料,希特勒却下令U艇停止对商船的袭击,前往挪威海域。

1940年3月4日,邓尼茨接到海军总司令部的下列指示:"立即停止所有潜艇的出航。已在海上的潜艇不得在挪威海岸附近活动。所有潜艇尽快做好战斗准备。不规定备战的等级。"

第二天,邓尼茨从柏林海军总司令打听到了上述命令的军事计划内容。希特勒要用迅速的、双管齐下的手段分头登陆占领挪威和丹麦。对挪威,登陆地点选定了纳尔维克、特隆赫姆、卑尔根、埃格尔宋、克里斯田散和奥斯陆。用于占领头4个港的军队完全由军舰运输,用于占领克里斯田散和奥斯陆两港的军队则由军舰和运输舰载运。此外,又以飞机运载军队进入斯塔范格尔、克里斯田散和奥斯陆。

有种种迹象表明敌人也在策划以军事行动侵犯挪威。正是这些迹象最后导致希特勒决定先下手为强。

挪威位于欧洲北部斯堪的纳维亚半岛的西部,濒临大西洋,虽然靠近北极,但由于有大西洋暖流经过,沿海气候比较温和,大部分海面冬季不结冰。挪威有斯塔范格尔、卑尔根、特隆赫姆和纳尔维克等港口,还有可成为舰船理想锚地的众多的峡湾。

显然,挪威于德国好比是进入大西洋的咽喉,德军一旦占领了挪威,就可以摆脱围于北海的"笼子",进而拿到大西洋入场券。

对于德国U艇来说,有了挪威的港口作为前进基地,可以大大缩短它们到大西洋的航程。

▲ 一艘德国潜艇露出水面补充燃料，一艘扫雷艇在旁担任警戒任务。

▲ 德国士兵将鱼雷从补给舰搬运到 U 艇上。

▲ U 艇内鱼雷手正在进行发射前的最后准备。

然而，德国U艇在挪威海战中的表现却令希特勒大失所望。

在这场海战中，31艘德国潜艇统共对英国战列舰、巡洋舰和运兵船发起攻击36次，却无一次成功。主要原因是鱼雷精确度差，磁性引爆装置失灵，造成发射出的鱼雷不是打不中目标，就是整个一个"哑炮"。

4月15日黄昏，在挪威海岸附近游弋的U－47号潜艇，上升到潜望镜的深度寻找猎物。忽然，普莱恩发现在这狭窄的海湾海面停着6艘大型英国运输船，旁边还有几艘驱逐舰，很显然，英国部队正准备从这里登陆。

普莱恩立即下令潜入海底，等夜幕降临时再开火。

艇员们异常兴奋。自从击沉"皇家橡树"战列舰后，他们主要是跟英国商船打交道。这次，U－47的功劳簿上要添上光辉的一笔了。

晚上10时，U－47艇悄悄浮上海面，离运输船和驱逐舰大约700米到1,400米的距离，运输船与驱逐舰正好在鱼雷攻击射程内。看来，它们是瓮中之鳖，绝无生还之机了。

普莱恩喃喃说了句："你们是在劫难逃了。"

4枚鱼雷朝着排列密集的船队直冲过去。艇员们竖起耳朵，静候那熟悉的爆炸声……

没想到的是，鱼雷发射出去好一会了竟没有听到爆炸的声音。原来鱼雷没爆炸，英军甚至就没发觉潜艇的存在。

真是一场空欢喜。

莫非是鱼雷的航路太深了，普莱恩下到鱼雷舱里，仔细检查了鱼雷的去航深度。之后，他下令发起第二次攻击，几枚鱼雷接连发射出去，深度离水面3～5米不等。好歹有一枚爆炸了，遗憾的是，它是在偏离了航路以后撞上断崖才爆炸的。

真是"偷鸡不成蚀把米"。这次攻击不仅失败，还引起了皇家海军驱逐舰的注意。2艘英国驱逐舰掉头朝U艇驶来。

U－47号赶紧掉头逃离现场。这时，驱逐舰也不失时机地咬住了潜艇，向潜

▲ 英国士兵正在庆祝击沉德军 U 艇。

艇发射了一连串深水炸弹。U－47号的机舱受到了破坏。

普莱恩急令下潜到深水处，关闭所有马达，只听头顶水面上驱逐舰的引擎"隆隆"作响，不停地施放深水炸弹。

U－47的柴油引擎被炸坏。眼看潜艇就要成为"活棺材"了，普莱恩沉住气，指挥潜艇一动不动。

驱逐舰攻击了一阵，不情愿地退回去了。

遭受到这场灾难后的第三天，普莱恩艇长又与英军驱逐舰"威斯派特"号相遇。

两舰艇间只相距800米，普莱恩不失时机地下令发射了2枚鱼雷。结果2枚都相继错过了目标才爆炸。英国驱逐舰从惊慌失措中醒悟，猛追了上来。这次，U－47艇逃身有术，一看大势不妙，早早地就跑掉了。

艇员们就像泄了气的皮球，士气受到了极大的打击。这些"窝囊的鱼雷"白白错过了两次机会，功没立成，还差点让他们丢了命。

U－47发现一支向北航行的英国船队。可是，普莱恩已经对鱼雷完全丧失了信心，他眼睁睁地看着这支船队渐渐消失在地平线，转而退回了基地。

邓尼茨闻讯大发雷霆，他拍着案子冲着普莱恩大喊大叫："为什么不出击？难道你来挪威观风景吗？"

普莱恩哭笑不得地说："这些鱼雷不是哑弹就是'飞弹'，如果我发射这些只会'报警'的鱼雷，就会引火烧身！"

普莱恩艇长连续不断的几次失败，暴露出开战初期德国海军鱼雷的技术缺陷。

开战不久的一天，U－56号艇长茨安少校在海上碰到了3艘战列舰"洛洛尼"号、"尼尔逊"号、"佛特"号，以及10艘驱逐舰。

茨安少校立即下令对这个防范严密的战舰群进行攻击。随着"砰"的一声，3枚鱼雷命中了"尼尔逊"号，但却没有爆炸。

一股令人沮丧的绝望撞击着茨安艇长有些脆弱的神经，从此，茨安艇长变得喜怒无常，神经兮兮的，精神状态混乱不安。不久，他被解除了前线潜艇艇长一职，调到潜艇学校。

在挪威作战结束之前,由于鱼雷事故接连不断地发生,德国海军司令部成立了鱼雷事故调查委员会。

据调查研究表明,在挪威海战中,鱼雷的磁气发火装置之所以在北方海域发生原因不明的故障,可能是由于该地域存在广泛分布的铁矿矿床。

普莱恩少校使用的鱼雷,是采用击发发火装置,所以出现的故障,一定是鱼雷的走航深度太深,使之无法爆炸。

调查委员会再次对这个问题进行了调查研究。在进行多种实验之后,发现了现有鱼雷的几个缺陷,并查明了原因。其中之一是由于发火击针无法使雷管着火。

其他的鱼雷雷管虽然会爆炸,但却不会引爆炸药。因此,当鱼雷以斜角度撞向敌艇时,有时竟然也不会爆炸。茨安少校的鱼雷无法击毁战舰"尼尔逊"号,就是最明显的例子。

1940年6月以后,德国潜艇部队将原来配备的磁气发火式鱼雷,暂时改为击发发火式鱼雷。

6月10日,挪威沦陷。事实上,这只是德国陆军和空军的胜利,对德国海军来讲却是一个大败仗。英国皇家海军将德国的30艘舰船全部歼灭,其中包括10艘驱逐舰。德国舰队只剩下一艘8英寸口径大炮的巡洋舰、2艘轻巡洋舰和4艘驱逐舰。

丘吉尔在他的回忆录中对挪威海战作了如下评价:"德国人在和英国海军展开孤注一掷的战斗中,就这样断送了他们自己的海军,从而无法应付即将来临的战争高潮。"

猖獗一时的德国U艇毫无建树,反而损失6艘潜艇。这场战役下来,他们吃尽了哑巴亏,真有一股有苦说不出的味道。更糟糕的是,邓尼茨潜艇人员的士气和决心受挫,情绪降到了极点。

可是到了1940年夏天,形势发生了急剧的变化。

☆ "快乐时光"来临了

6月22日，法德在贡比涅森林签订停战协定，法国投降。

此时此刻，大半个欧洲已经落入希特勒的魔爪之手，惟一可以和纳粹德国抗争的，只有英吉利海峡对岸的大英帝国。面对德国空前庞大的战争机器和希特勒的战争威胁，漂泊在海上的英国危在旦夕。

就在这关键时刻，不列颠民族再一次显示了它那不屈不挠的性格。在英国国会上，刚刚上任的丘吉尔首相向全世界发表了他的著名的战争演说：

> 欧洲大片大片的土地和许多古老著名的国家，虽然已经陷入或可能陷入秘密警察和纳粹政体所有凶恶的统治工具的魔掌之中，但是我们决不气馁认输。我们将战斗到底，我们将在法国战斗，将在海洋上战斗，我们将以不断增长的信心和不断增长的力量在空中战斗。不论代价多么大，我们都将保卫我们的岛屿。

法国，洛里昂。

这是一个著名的法国滨海小城，位于比斯开湾的北端，法国大陆伸出的一角挡住了来自英吉利海峡彼岸的威胁，而从这里出发只须航行200海里便可以到达英国海运最繁忙的北海和北大西洋海域。从战争一开始，德国海军便牢牢盯住了这一块风水宝地。

在法国宣布投降的当天晚上，一列德国军用列车缓缓驶入了洛里昂，在警卫们前呼后拥的护卫下，邓尼茨洋洋得意地走下列车，来到刚刚落成的德国海军潜艇前

▲ 1940 年 11 月 20 日 丘吉尔在唐宁街 10 号的办公室内。

▲ 邓尼茨陪雷德尔（中）视察 U 艇。

线指挥部。

走进指挥部的作战室，邓尼茨环顾四周，颇为满意。正面的墙上是一幅大型海图，图中包括了整个大西洋海域，图上标示着德国潜艇的阵位、英国商船队的航线、以及敌人在海上的防御部署，全部的战场情况从这张图上就可以一目了然。另一面墙上挂满了各式各样的表格，它们分别表明了指挥所和各个战场的时差；所有海区的潮、流、冰、雾；当天的天气情况；所有作战潜艇在海上的时间及预计返航的时间；港内待航的潜艇情况及可能出航的时间等等。房间的中央，一个巨型地球仪摆放在十分醒目的位置。

已经到了夜深人静的时候了，邓尼茨独自一人端坐在作战室，激动的心情久久不能平静。

当邓尼茨得到法国投降的消息后，不由得欣喜万分，盼望已久的时刻终于到来。他将可以在大西洋上集结足够数量的潜艇，来施展他的"狼群战术"，他的"狼群"将在海上使德意志帝国的宿敌—英国流尽最后一滴血。

现在占领了比斯开湾，法国的大西洋港口——布雷斯特、圣纳泽尔、拉罗歇尔和洛里昂港都被改建成U艇作战基地，使U艇抵达大西洋的航程整整缩短了800公里。这大大缩短了U艇到达作战地区所需的时间，同样也缩短了U艇修理和检修所需的时间，弥补了现有潜艇数量的不足，使德国在大西洋西部行动的潜艇数量几乎增加了一倍，可以说，邓尼茨的潜艇到了英国贸易航线的门槛。

现在德国U艇几乎已身处从英国到非洲角的海上交通线的两翼。英国商船沿该航线将尼日利亚石油和南非的有色金属矿石运入英国。只要德国潜艇再向大西洋深入一点点，就能攻击运送阿根廷肉类和美国小麦的英国商船护航队。

英国皇家海军在对付德国水面舰艇方面堪称"无敌手"，但在反潜战方面却显得有些力不从心。

护航队是英国皇家海军对付德国U艇攻击的主要防卫措施，但这只为大西洋生命线提供了部分防卫。由于敦刻尔克撤退期间大量驱逐舰被击沉，担任警戒的军舰在挪威战役中又遭到严重损伤，造成英国护航军舰的不足，因而对U艇的直接威胁不大。

用水压引信发射的深水炸弹是皇家海军攻击U艇的主要武器。这种炸弹必须在潜艇跟前爆炸时才能折断它的艇身，但是，深水炸弹一般都是根据指挥员对U艇位置的估计进行投射，因而误差率较大。

对于经常在夜间出没的U艇，潜艇探测器也毫无作用了。德国研究了从法国军舰上缴获的英国潜艇探测器，结果发现这种声呐只能在400～600码的距离才能发现水面状态的潜艇。

想到这里，邓尼茨决定拟订新的潜艇战术方法。

第二天，邓尼茨召开了一次作战会议。他要求U艇艇长们主要在夜间从水面状态攻击护航运输队。在夜间的海面上，驱逐舰很难发现U艇低矮的指挥塔，如果打开探照灯，反而会暴露自己的位置。而夜空却可以把油轮和货船高耸的船身清楚地反衬出来，成为U艇的活靶子。

邓尼茨提倡的"夜间水上攻击"战术，提高了潜艇的使用效力，使它们可以借着夜幕这一天然的保护屏障，在大西洋上突袭商船，连连得手。

1940年7月至1941年5月，大西洋海战进入第二阶段，这也是德国潜艇的"快乐时光"。德国潜艇部队的士气由于上述种种原因而大大上升，出现了不少掠杀商船有功的"英雄"。德国参战的20艘潜艇中，2艘击沉了4万多总吨位的敌船，5艘击沉了3万总吨位的敌船，6艘击沉了2～3万总吨位的敌船。其中战果最大的是U－47号潜艇，它击沉了5.5万总吨位的敌船。

虽然邓尼茨下达了对英国商船船员"格杀勿论"的命令，但是，有的德国潜艇艇长还是尽量使他们的行为符合人道。袭击商船后，他们或是搭救船员驶往安全港口，或是向英国发电，通知击沉的英国商船的位置。

7月8日夜晚，德国U－99号艇在爱尔兰和苏格兰之间的北海海峡浮出水面，监视哨警觉地扫视着海面。

▲ 海军上将邓尼茨视察德军的潜艇。

艇长奥托·克里奇默尔少校斜靠在指挥合围栏上，嘴上叼着雪茄，悠闲自得地吸了起来。

1940年6月底，U－99号潜艇驶离威廉港，穿北海，过赫布里底群岛，到达了预定巡逻区。过去几天，克里奇默尔只用了2枚鱼雷，便分别击沉了一艘加拿大货船和一艘瑞典货船。

突然，瞭望哨向克里奇默尔低声报告："有情况。"

克里奇默尔扔掉了雪茄，举起双筒望远镜。果然，远处地平线上，一支英国护航运输队分作两行，正在3艘驱逐舰的护卫下向西行驶。

克里奇默尔命令U－99号潜艇全速行进，两小时后赶到了护航运输队的前面，占据了了有利阵位。他命令U艇下潜到潜望镜深度，等候船队的到来。他一直认为，混到船队中间下手是攻击护航运输队的最好办法。他想用实战来验证一下自己的战术。

"嗡嗡嗡……"，一艘驱逐舰迎面驶来。他正要增大下潜深度，敌舰又突然改变航向，从艇尾方向开走了。紧接着，商船队分左右两翼，驶到了 U 艇的上方。

克里奇默尔不用瞄准就能进行鱼雷攻击了。鱼雷射出后，90 度扇面以内都是极好的目标。

"嗖嗖"，2 枚鱼雷飞出发射管。人们屏住呼吸，静候着鱼雷爆炸的巨响。

时间一秒一秒地过去了，海面上风平浪静，没有发生任何事情。

克里奇默尔的眼珠子瞪得溜圆，气得火冒三丈，"真晦气！又是他妈的哑弹。"

他下令尾发射管发射鱼雷，但是，鱼雷同样没有爆炸。他又瞄准了一艘大货船，进行第三次攻击，这才勉强击中目标。

克里奇默尔收回了潜望镜，下令："停止战斗，紧急下潜！"

恰在这时，水听器内噪音大作，他料定潜艇暴露，敌驱逐舰正劈波斩浪，高速追来。

潜艇刚下潜到 45 米处，四周就响起一片深水炸弹的爆炸声，潜艇被震动得猛烈摇晃起来。一颗深水炸弹在近舷爆炸。

潜艇猛烈地摇晃起来，将控制室内一切可以移动的部件全部颠倒。它一股劲地下跌，一直滑到了大约 110 米的深度。

英舰声呐发出的呼呼响声令人胆战心惊。水听器传来的螺旋桨声震耳欲聋。接着，噪音消失，四周再次响起深水炸弹爆炸的巨响。

U－99 号潜艇艇体来回晃荡，艇员们赶忙抓住一旁的支撑和管路，以免摔倒。

潜艇好不容易恢复了平衡，受损还不十分严重。潜艇航速大减。U－99 号在水下最大航速只有八九节，即使全速行驶，比水面舰艇仍要慢得多。

克里奇默尔一筹莫展，期待敌驱逐舰失去目标接触，或者投光了深水炸弹。

英舰连续攻击了 2 个多小时，一颗深水炸弹在近舷爆炸，排开的海水将潜艇艇壳压得嘎嘎直响。艇内氧气补给中断，克里奇默尔命令艇员躺倒，以减少氧气消耗，同时戴上呼吸罩。在一段时间内，呼吸罩通过一种化学碱，可以净化艇内逐渐污浊的空气。

6小时后，攻击停止。克里奇默尔离开了控制室，到艇上各部门检查情况。蓄电池组的电能眼看就要耗光，潜艇一旦失去速度，他就只有两种选择了：使用压缩空气，让艇浮出水面，和驱逐舰拼个你死我活；或者，让艇坐沉海底，甘冒艇壳被深水压破的风险。他选择了后者。

坐沉100多米的海底深处，连续6个小时纹丝不动，艇内环境越来越恶化。厕所冲水后粪便漂起来，臭气熏天。艇员们又都改用马桶，可是这样一来，各舱内的空气更加恶化。

12个小时过去了。艇内空气的二氧化碳含量在迅速上升，有的艇员已经上气不接下气。英国舰艇声呐发出的那种毛骨悚然呼呼声和螺旋桨的轰鸣声交织到一起。艇员们仿佛预感到死神就要来临。

又过了2个小时，驱逐舰的螺旋桨发出的轰鸣声渐渐远去，U艇慢慢恢复了平衡。克里奇默尔大松了一口气，浑身已被汗水浸个透湿。

9日凌晨，U－99号潜艇在下潜18个小时之后，终于破水而出。

克里奇默尔急冲冲地打开了升降口盖，抓着扶梯登上了指挥台。柴油机启动了，风扇将清新、冰冷的空气抽入艇内，更换着各个舱室的污浊气体。艇员们争先恐后地钻出了潜艇，他们横七竖八地躺倒在湿淋淋的甲板上，贪婪地大口大口地呼吸着夹杂着海水咸味的空气，好像要把满腔的晦气都倾倒出来似的。

真是本性难改。就这副狼狈样，U－99号在返航的途中还一路大开杀戒。7月12日，它鬼鬼祟祟地逼近了一艘希腊货船，将其一举击沉；随后，它又引导一架德国轰炸机，炸毁了苏联货船"默里萨尔"号。3天后，它又用鱼雷将英轮"沃德布里"号拦腰炸成两截。

至此，克里奇默尔才心满意足，下令收兵回营，驶向法国的洛里昂。

洛里昂基地码头，鲜花摇曳，鼓号齐鸣。克里奇默尔的嘴都乐得闭不拢，他已被邓尼茨捧成了"潜艇英雄"。在德国潜艇部队里，知名度和普莱恩已不相上下。

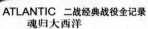
☆ "狼群" 出击

尽管德国潜艇已经走出了低谷，但邓尼茨的眉宇间却流露出一丝愁容。克里奇默尔这一仗已经暴露了单艇作战的弱点。首先，单艘潜艇在大洋上难于搜索和发现英国护航运输队；其次，单艘潜艇难以与数量上占优势的护航军舰相抗衡。U－99号潜艇倒是发现了护航运输队，可是，它只击沉了一艘商船，就被护航军舰逼得东躲西藏，险些丧命。

6月份，潜艇击沉的商船数为25万吨，大大少于盟国抵港商船数。潜艇作战，还得下大力气。

看来采用潜艇群战术势在必行。邓尼茨产生这一想法源于第一次世界大战。那一段令他永远难忘的时光经常在眼前。

1916年10月4日，马耳他东部海域。

一艘老式的德国潜艇U－68号在海面的狂涛中艰难地航行着，突然，年轻的艇长邓尼茨在他的潜望镜中发现了一队英国的护航编队，在艇长的操纵下，潜艇成功地突破了英军驱逐舰的警戒线，只用了一枚鱼雷就将一艘数千吨的商船送到了海底。当他准备攻击下一个目标的时候，潜艇突然失去了平衡，艇首迅速下沉，眼看着全体艇员就要同这个铁棺材一起永远沉入不见天日的海底……

当时的情景深深地刻在他的脑海之中，压力表上的数字发疯似地跳动，69米、70米、80米……船壳被海水压的吱吱作响，似乎随时可能被挤扁。在这个紧急关头，邓尼茨下令排空所有的压载水柜，然后全速倒车。压力表上的指针颤动了几下，迅速指向了0米。当邓尼茨打开指挥塔的舱盖，匆忙四顾时，他却被海面上的情景惊得目瞪口呆。潜艇在光天化日下漂浮在英国护航编队的中央，编队汽笛长

▲ 邓尼茨在和他的部下研究战术。

鸣,所有的炮口都指向了这艘自投罗网的不速之客。邓尼茨和他的全部艇员成了英国人的俘虏。

在英国的战俘营中,U－68号潜艇上这位才华横溢的艇长一边啃着土豆,一边沉思着德国潜艇部队未来的战略战术。

德国潜艇失败的教训使邓尼获得出了这样的结论:潜艇单艇攻击的战术已经过时,对于潜艇来说,最大的敌人莫过于英国的护航体制,当敌人的商船集合编队在作战舰艇的护卫下航行时,每一艘潜艇发现目标的概率将大大下降,而一旦发现目标之后,任何一艘单独作战的潜艇都无法给编队航行的大型船群造成致命的攻击。

经过长时间的苦思冥想之后,一个崭新的潜艇攻击战术在邓尼茨的脑海中逐渐形成了。邓尼茨把他的新战术命名为"结群战术",这种新的战术要求将海上的潜艇编成统一的作战群,艇群成一个扇面展开在交通线上,以求得尽可能高的发现概率,首先发现目标的潜艇将使用无线电将目标的方位和航向、航速报告岸上的指挥中心,指挥中心向所有的潜艇下达集结的命令,并指定一个经验丰富的艇长担任指挥,这样任何一艘潜艇发现目标都等于所有的潜艇发现了目标,而联合攻击的艇群将有足够的鱼雷给被发现的任何海上编队造成致命的打击。由于这种攻击战术与草原上的狼群攻击羊群的战术十分相似,因此人们后来又把它称作"狼群战术。"

"狼群"通常昼伏夜出,白天潜入水下,夜间发起攻击。"狼群"一旦发现猎物便紧紧咬住不放,要想甩开它或驱散它都非常困难。当然,要想成功的使用"狼群战术",潜艇必须具有良好的无线电通讯能力,艇长们必须经过严格的训练。

当邓尼茨重新回到德国,并担负了组建新的潜艇部队的时候,他便开始积极地将他的新战术贯彻到了每一艘德国潜艇的日常训练中去,他坚信总有一天他的潜艇会向英国海军报当年的一箭之仇。

使邓尼茨感到遗憾的是,以雷德尔海军上将为首的战舰派军官在海军中一直占据着统治地位，他们一味迷信大炮巨舰的威力，长期忽视潜艇的作用。开战以来，英国海军对德国实行了严密的海上封锁，他的潜艇不得不远涉数百海里的航程才能到达作战海域。大量的潜艇奔忙于海上航渡之中，使他始终无法在作战海域集中足够的潜艇以形成"狼群"。

现在时机已经成熟。邓尼茨决定尽快实施"狼群"战术。

第二天，邓尼茨在德国潜艇舰队司令部主持召开了作战会议。艇长们到齐后，邓尼茨面向标有敌方航船动向的地图：

"我们占领法国后，由于我们的航程一下子缩短了450海里，每艘潜艇的作战效率大大提高，既能迅速赶到作战海区，又能在海上停留更长的时间。这就为潜艇实施'狼群战术'，创造了极为有利的条件。现在英国的护航运输队不得不避开比斯开湾，改走爱尔兰北部海域。我们不妨来个将计就计，组成'南方潜艇群'，把潜艇配置在英伦三岛附近，待机出动。"

接着，他拿起指挥棒，兴奋地在地图上比划着，说："潜艇待机队形有三种：排成一队，来回搜索某片水域；组成一条固定的巡逻线，各艇间距大约25海里；摆出一个长方形，封死一片水域。长方形的大小视艇数而定，每艘艇负责巡逻给定的水面。"

艇长们点头表示赞同，纷纷议论道："早该这样干了！这下，我们不必再孤军奋战了。"

U－47艇长普莱恩不放心地问道："不过，这潜艇群由谁统一指挥呢？"

邓尼茨微笑地说："当然，这盘棋由我控制。你们好比棋盘上的棋子，随时把你们的位置和发现的护航队的位置报告给我，由我来调兵遣将，组织攻击。必要的时候，我会指定某一位艇长为现场指挥官。"

第4章　　　　CHAPTER　FOUR

向大西洋深处进击

法国的魏刚将军曾预言："不出3个星期，英国人就会像一只小鸡一样被德国人拧断脖子。"丘吉尔接到电报后，内心十分酸楚，大有"落地凤凰不如鸡"的凄凉感觉。希特勒十分明白，只要美国由罗斯福总统领导一天，他的征服世界、与意大利和日本瓜分地球的计划就一天不得实现。丘吉尔富有煽动力的演说吸引着众多的议员。"所有的英国人，都应该知道，我们将面对的是一场比我们刚刚取胜的不列颠之战更加艰苦和漫长的战斗，我们不妨就把它叫做大西洋之战。"

☆ 不列颠帝国告急

1940 年 5 月的一天，英国伦敦唐宁街 10 号首相办公室。

丘吉尔斜靠在沙发上，一支接一支地吸着雪茄烟，空气中烟雾弥漫。

英国正处于危难之机，丘吉尔正在思考如何摆脱危局的良策。

仅仅依靠英国自身的力量是难以抵挡纳粹德国的虎狼之势，必须争取新的强大的盟友。没有持久、可靠的同盟国的支持，只凭英国孤军奋战，总会有精疲力竭的一天。在丘吉尔的心目中，能与德国实力抗衡的国家只有美国和苏联。他认为苏联是靠不住的，瓜分波兰不就有苏联吗？那么就只有寻求美国的支援了。不过，美国的孤立主义势头仍很强盛，要说服他们介入战争是十分困难的。重要的是应尽快使美国放弃中立的立场，站到英国这边来。最好先从军援入手。既然英国目前为保卫大西洋海上交通线的安全，迫切需要驱逐舰以增强反潜力量，何不争取美国将其海军基地中的一些旧驱逐舰提供给英国，以解海上局势的燃眉之急。只要美国人这么做了，他们也就会不可避免地走上不列颠帝国的战争轨道。

想到这里，丘吉尔激动地站了起来，走向办公桌，提笔草拟了一份致美国总统罗斯福的电报：

> ……在任何可以想像的情况下，我们都不会投降。但要顶住德国的入侵，必须借用你们 40~50 艘旧式的驱逐舰，以弥补我们现有舰只的不足……如果不能及时得到补充，意大利向我们宣战，又用 100 艘潜艇向我们进攻，英国将面临灭亡的危险。

6月11日，意大利正式向英国宣战后，丘吉尔再次致电美国政府：

……对我们来说，目前最重要不过的，就是尽快得到你们已重新装备好的30～40艘旧式驱逐舰。我们可以很快地给它们装上我们的潜艇探测器。

……

今后的6个月将是至关重要的。如果大不列颠沦陷，一个亲德的政府交出英国舰队，就可能使德国和日本成为新世界的主宰……美国不要以为现在的政策其结果会对自己有利。其实恰恰相反，这种冒险行为的后果是十分可怕的，不久的将来，美国的海军力量将被敌人的强大海军完全压倒，美国的岛屿和海军基地，也定会被纳粹夺去。如果我们失败、希特勒就可获得一个征服全世界的大好机会。

7月底，丘吉尔又致电罗斯福总统，详述了英国海战的危境后说：

现在已到了极其急迫的时候，请你让我们获得我们以前所要求的驱逐舰、汽艇和飞艇。

我深信，现在你已洞悉我们的情形，一定会竭尽所能，立即给我们送来50艘或60艘你们最旧的驱逐舰。我们能够非常迅速地给它们装上潜艇探测器，以便在西部航道上用来对付潜艇，从而使我们能够把比较新的和炮火较好的舰只部署在英吉利海峡抵抗敌人的入侵。总统先生，这是目前的当务之急。

我深信，你将不会让我们因为缺少这些驱逐舰而难以渡过战争的难关。

美国，华盛顿白宫。

▲ 丘吉尔斜靠在沙发上，一支接一支地吸着雪茄烟。

▲ 罗斯福正在国会发表讲话。

　　在寂静的椭圆形办公室内，宽大的办公桌上叠放丘吉尔从大西洋彼岸发来的一封封电报。富兰克林·罗斯福总统望着这些电报，仿佛看到丘吉尔那双期盼和焦虑的眼睛。

　　罗斯福感受到很大的压力，他迟迟没有答复丘吉尔的请求，但他的内心里并不平静。

　　罗斯福与丘吉尔直接打交道较晚，丘吉尔关于法西斯国家侵略扩张的许多演讲，他是知道的。印象较深的是《慕尼黑协定》签订后丘吉尔的那番"苦酒"论。当时，丘吉尔严肃地警告说："不要以为到此完结了，这不过是算总账的开始，仅仅是尝尝第一口苦酒的滋味罢了。除非我们一如往昔，竭尽全力重振士气和军威，再次挺身而出，捍卫自由，否则，这杯苦酒杯将年复一年地递到我们嘴边，让我们尝尽苦酒。"事实证明这番话是正确的。从那时起，丘吉尔引起了罗斯福的注意。

1939 年初，罗斯福采取了一些重振军备的措施，结果美国国内谣言四起，说他把莱茵河作为美国防御边界，搞得他很被动。丘吉尔却托人捎来口信表示赞赏，他说："美国所干的最妙的一招，就是继续不停地击鼓助威，对独裁者们一直厉声斥责。"这些话让罗斯福感到振奋。

大战爆发后，罗斯福对丘吉尔出任英国海军大臣十分高兴。1939 年 9 月 11日，他给丘吉尔写了一封信，除祝贺他就任英国海军大臣外，还表示愿意与他建立秘密的通信联系："如果你保持同我本人接触，并把你希望让我知道的任何事情通报给我，我将无比欢迎。"丘吉尔立即回信，表示愿意接受这项建议，信末署名"海军人员"。从此开始了他们之间富有历史意义的信函往来。当丘吉尔就任首相后，便改署名为"前海军人员"，罗斯福也乐意这样称呼他。他们之间的通信联系，一直保持到罗斯福去世。丘吉尔给罗斯福发出函电约 950 份，收到的回函约有 800 份。

随着信函往来的增多，他们之间的关系越来越密切，以致在丘吉尔出任首相后，英、美之间的很多重大事情，实际上是通过他们两人之间的函电来处理的。

法国败降后，越来越多的美国人担心英国会步法国后尘，投降德国。直到 7 月3 日奥兰事件发生，英国海军一举夺取或摧毁法国舰队，美国人才看清了丘吉尔战斗到底的决心是坚定不移的。可随后又产生了另一个问题：英国人能顶住希特勒的闪电战吗？多数人对此持怀疑态度。法国的魏刚将军曾预言："不出 3 个星期，英国人就会像一只小鸡一样被德国人拧断脖子。"民意测验表明，6 月底，仅有 1/3 的美国人认为英国能取胜。罗斯福本人也说过，英国劫后余生的机会仅有 1/3。

既然如此，很多人认为，向英国提供军用物资是不明智的。万一英国沦陷，这些军火就会落入德国人手中，反而会被用来进攻美国。法国投降后，赞成援助英国的美国人，在 3 周内减少了 10%。

▲ 美国海军舰队行驶在大洋上。

与此同时,美国人越来越重视加强美国自身的防务。为了防止罗斯福总统不顾一切去援助英国,6月28日,美国国会通过了参议员沃尔什提出的一项修正案:任何一项军用物资,除非经陆军参谋长或海军作战部长证明它们对美国全然无用,否则均不得转让给外国。

更要命的是,恰好在前几天,有人曾质问:美国海军为什么要年复一年地浪费纳税人的钱,保养那些一战时的旧驱逐呢?海军作战部长斯塔克当时证明说:它们对美国防务具有潜在价值。现在,再要重新证明它们"对美国全然无用",是绝对不可能的。

这样一来,在转让驱逐舰问题上,罗斯福面临着几乎难以克服的法律障碍。

美国国会的议员们要求英国做出保证,在任何情况下,英国都不能将舰队交与德国,并把这作为考虑军事援助英国的先决条件。丘吉尔则慨然承诺:我们当然准备以最庄严的方式做出这种保证。既然我们已准备牺牲,我们就不怕做出保证。

想到这些,罗斯福不禁暗暗佩服丘吉尔那种临危不惧,敢于破釜沉舟的勇气。他很清楚,对已被削弱了的、但英勇抗敌的英国进行支援,有助于增强美国国防力量。英国的危境已不容再等待了。

可是,贸然采取某种重大的行动,这在政治上是危险的。以目前的情况,美国对英国的援助必须是有限的、有偿的,只有这样,才不致在政治上承担巨大的风险。

罗斯福看透了英国已无力维系其在美洲的海外殖民地,与其听凭纳粹夺取,不如把它们变成美国防御的前沿基地。这符合美国的利益,料想英国也不致反对。罗斯福想出了"基地换军舰"的办法。

7月24日,罗斯福总统致电丘吉尔首相,商议签署一项关于用美国驱逐舰交换英国在美洲的若干殖民地以组建美国海军基地的协议。

丘吉尔接到电报后,内心十分酸楚,大有"落地凤凰不如鸡"的凄凉感觉。他意识到,这是一次不等价交换:美国的驱逐舰"既陈旧而且效能又低",而英国在西半球的军事基地对美国有巨大的战略好处。但他是一个现实主义者,德军即将入

▲ 英国从美国购买的护卫舰在驶回本土途中。

侵的严峻现实，使英国迫切需要这批驱逐舰，而那些基地只是对美国才有战略价值。此外，他比一般人看得更远："美国将50艘驱逐舰移交英国，这就肯定构成一种非中立行为……使美国更接近英国，同时更接近战争。"它将标志着美国已从中立国转为非交战国。从长远来看，这对英国更有利。不过，大英帝国的尊严，使他"宁愿无限期地租借而不愿意出卖基地"。

丘吉尔转而又想，这些基地对英国而言，至少在目前，既无安全价值又难以保住不被纳粹占领，与其这样，倒不如将它们置于美国的控制之下。既然英国的生存与美国的生存是密不可分的，那么基地换军舰，可使美国人感到我们的诚意。

正是基于这样的考虑，丘吉尔冒着可能承担"卖国"的风险，忍受着内心种种屈辱及不快，接受了这"不平等交易"的建议。

8月20日，丘吉尔首相为了使英国人民能理解并接受这笔英国历史上前所未

THE ⛴ BATTLE OF THE

有的不平等交易，他在议会的讲话中指出：

"最近，罗斯福总统曾明确表示，他愿同我们商谈有关在纽芬兰和西印度群岛发展美国海军和空军的设施问题。当然，此举并没有涉及任何转移主权的问题，也没有不经各有关殖民地的同意或违反其意愿而采取任何行动的问题。从我们方面来说，英王陛下政府衷心愿意在租借99年的基础上将防御设施移交给美国。我们相信，这样做对我们的好处并不少于对他们的好处，而且符合殖民地本身以及加拿大和纽芬兰的利益。

"毫无疑问，这意味着，英语世界的两大民主国家，为了相互共同利益，在他们的某些事务中将彼此携起手来。瞻望未来，这种措施没有什么可以担心的。即便我想制止，也制止不了，没有人能够制止这么做。就像密西西比河一样，它将滚滚奔流。就让它奔流吧！"

与此同时，罗斯福也竭力向国会说明这笔交易的价值：美国用一些陈旧的驱逐舰，便可在危急时刻换取无限的安全。

在罗斯福和丘吉尔的共同努力下，英美两国就基地换军舰的问题，经过反复磋商后，于9月2日最终签署了正式协议。协议规定：英国把在巴哈马群岛、牙买加群岛、安提瓜岛、圣卢西亚岛、特里尼达岛和英属圭亚那等地的海防空军基地的主权，转让给美国99年，以换取美国在第一次世界大战期间及战后不久建造的50艘旧式驱逐舰。纽芬兰的阿根夏和百慕大基地也给了美国，但这是无偿的，不是该协议正式范围所规定的。

9月5日，丘吉尔用谨慎的措辞把这一消息通报给了下院。他强调说："当你得到你所需要的东西时，就最好听其自然，不再追问。"

美国人对这项协议普遍表示欢迎，他们深信因转让50艘陈旧的驱逐舰而得到了最大的好处。一家报纸称那些英国军事基地为"我国东面的钢铁堤防"。

英国人不仅得到了急需的战争武器，更重要的是，自法国沦陷后，一直孤立无援、背水一战的英国重新获得了新的盟友——美国。

☆ "狼群"张开血盆大口

英美签署协议的消息传到德国首都柏林后,引起了德国军政界的极大不安。对希特勒来讲,真好比是当头一棍。这些陈旧的驱逐舰用来进行大规模的水面作战也许不堪一击,可装上声呐后用来对付小小的德国潜艇,还是绰绰有余的。无疑,这些驱逐舰将会在英国护交战中发挥重要的作用。更令他不能容忍的是,美国的这一举动表明,美国已从中立国转为非交战国,公开地站在了英国一边,并且随时都有参战的可能。

希特勒大骂美国人不守中立法。他命令空军元帅戈林,加紧调动兵力,要把伦敦夷为平地。

希特勒十分明白,只要美国由罗斯福总统领导一天,他的征服世界、与意大利和日本瓜分地球的计划就一天不得实现。他私下多次表示,早晚要对付美国,而且要"狠狠地"对付。但是目前只能对付一个国家,分而治之。

因而,当雷德尔获悉美国签订了这项协议,气急败坏地要求把自己的潜艇派往美国的领海去进行报复时,希特勒阴沉着脸,一字一句地说:"不,我们迟早要对付罗斯福那个瘸子,但不是现在。"

说罢,希特勒走到办公桌旁,伸出右手转动地球仪,指着上面的英国和苏联说:"我们只有在打败英国和苏联之后才能这么做。到那时候,德国将与日本和意大利联手收拾暴发户美国人。"

不过,话虽这么说,希特勒多少还是有些不甘心的。9月6日,他批准雷德尔使用潜艇同英国商船"进行最残酷的战争"。这就意味着将以前有关实施潜艇战争的一切限制全盘废除,某些美国商船可能被"偶然地"击沉。

邓尼茨放出的"狼群"张开了血盆大口,同英国商船开始"进行最残酷的战争"。

1940年9月以后，德国潜艇在北海海峡附近海域大施淫威，卷起了一阵又一阵袭击商船的浪潮。9月20~22日，英国H－X72护航队遭到德国5艘U艇的攻击。11艘船被击沉，2艘被击伤。刚组成的第一支SC护航队也未能逃脱"狼群"的魔掌。

1940年10月16日夜里，一轮弯月在云中穿梭，时隐时现。一支编号为SC－7的英国护航运输队正在大洋上破浪前进。

经过3天的航行，SC－7护航运输队已经到达了北大西洋的洛卡尔沙洲附近海域，离他们的目的地只有一半航程了。这是一支由34艘舰船组成的慢速护航运输队，其中30艘商船，满载着各种工业原料，4艘护卫舰只分成两列，在夜幕中缓缓地向前移动着。

担任编队队长的是阿巴斯，他是一个老资格的皇家海军军官，此刻他正站在舰桥上四下巡视着他的船队。

望着前方平静的海面，阿巴斯感到轻松了许多，他十分熟悉周围的这一片海域，只要再走2天多的时间，编队就可以到达英国了。这一趟还算顺利，在上船之前，他曾经听到过不少风言风语，说是这2个月来有不少商船遭到了德国潜艇的攻击，有的护航运输队还被德国潜艇追赶了几天几夜。

当时阿巴斯对此有点不屑一顾，大风大浪他见得多了，20多年前，他还是一个小伙子的时候就和德国潜艇打过交道，报纸上把那些德国艇长吹得神乎其神，其实也没什么了不起。

阿巴斯感到了一阵倦意，他伸了个懒腰，摇摇摆摆地向自己的住舱走去。

此时，绝大多数船员和护卫舰的水兵们都已进入梦乡。连续几天的飘泊和对德国U艇的提防已使他们疲惫到了极点。

可他们万万没想到，他们的舰队正一步步闯入了德国潜艇的狼群阵中。

法国，洛里昂。

德国潜艇指挥部作战室，邓尼茨正伏案翻阅文件。

▲ 希特勒手握放大镜在察看地图。

▲ 为运输船队护航的英军战舰。

突然，一阵轻微的敲门声响起，邓尼茨应声道："进来。"

一名上尉参谋来到他面前："报告将军，前方潜艇报告，发现英军护航运输队。"

是部署在洛卡尔沙洲西北海域的U－48号潜艇发现了SC船队的，邓尼茨接到报告后，喜出望外，立即在图上标出SC－7护航队的位置、航向、航速、船数和护航兵力，随即命令无线电通讯兵通知U－38号艇、U－46号艇、U－99号艇、U－100号艇、U－101号艇和U－123号艇迅速赶赴作战水域，围歼英国船队。

大西洋。

U－48号艇艇长布莱克·劳特少校求功心切，不等伙伴们赶到，就在夜幕的掩护下悄悄靠近商船，眼前出现的3个目标彼此重叠。他暗暗叫好："啊哈，这下闭着眼睛都能打中。"他下令：

"一号管发射！"

2枚鱼雷如离弦之箭，直奔百米外的目标扑去。接着，U艇掉头撤离。

"轰轰"两声巨响打破寂静的海空，2枚鱼雷分别击中目标，顷刻间，2艘船便沉入水底。

阿巴斯船长被爆炸声惊醒了，他还没起床，一名水手就前来报告："编队的侧前方遭到德国潜艇袭击。"

阿巴斯立即走上舰桥指挥台，2艘船正在燃烧着，火光把海面照得通亮，船队像炸了群的羊，惊恐得四处奔逃，他急忙下令："护卫舰，立即出击。"

惊醒的护卫舰在海面四处搜索，寻找潜艇的下落。忽然，一艘护卫舰捕捉到U－48艇向司令部报告战况的无线电讯号。不等U艇潜到水下，就怒气冲冲地朝它追来。

U－48艇慌忙紧急下潜，水听器里传来护卫舰螺旋桨可怕的噪音。深水炸弹接二连三地在它的上方海水里爆炸。

此时，U－48艇已潜到200米的深水处，而深水炸弹的爆炸深度只有120米，因而有惊无险。

▲ 法国海港正好给德军的潜艇和战舰提供了一个很好的避风港，而且为进军英国的德军节省了很多时间。

待英国船队认为潜艇已被赶跑，恢复队形，继续向前行驶后，U－48像只贪婪的大灰狼，又恋恋不舍地跟在船队的后面，等候"狼群"的到来。

10月18日日落时分，"狼群"先后抵达作战水域。克里奇默尔指挥的U－99号潜艇，打算再次溜到船队中间，随心所欲地朝商船发射鱼雷。U－46号、U－100号、U－101号、U－123号潜艇则准备左右夹击，从两翼下手。U－48号潜艇也甩掉了猎手，正风风火火，从尾部方向直追而来。陷阱已经布好，只等英国人往里钻了。

入夜，凶恶的"狼群"终于出击了。

U－46号潜艇率先发起攻击。10分钟内，瑞典货船"康瓦拉里亚"号大倾斜，船员分乘两条救生艇弃船而走。

此时，阿巴斯船长正在舱内昏昏欲睡。突然，船上响起了两声剧烈的爆炸声，猛烈的震动使阿巴斯跳了起来，他急忙推开舱门，冲出船舱。

刚出船舱，一股浓烟夹着一阵焦臭气味迎面扑来，阿巴斯立即意识到，大事不好了！从舰桥上向下看去，船首已被炸得一片乱糟糟，船首几乎快要从船体上断开了。

船眼看就要下沉了，阿巴斯只好下令弃船。同时，他通过无线电分别下令："船队规避！"

这道命令适得其反，原来一字长蛇阵向前航行的船队变得一团糟，所有的商船都在力图规避攻击，几艘新船干脆脱离了编队，自行加速逃走。

"恶狼"撕咬羊群的混战开始了。

护卫舰在海面上来回穿梭搜索潜艇，可惜，当时舰上还没有装备雷达，监视哨的肉眼无法透过夜幕发现这群行踪诡秘的"野狼"。而这群"狼"却可以随心所欲，在船队中时而潜入水下，躲避军舰的搜索和攻击；时而浮出水面，对毫无抵抗力的商船大打出手。

这几艘U艇像一群饿狼分食到手的猎物一般，一拥而上，四处下手。

U－123号艇趁乱击沉了2艘装运木材和钢锭的货船。

U－48号艇鱼雷手瞄准"阿塞里安"号，发射了一枚鱼雷。奇怪的是，"阿塞里安"号货舱安然无恙，它后面的一艘大货船却被击中，很快便从水面上消失。

其他U艇也都饿狼扑食般地向船队发起猛攻。满载着铁砂石的英国货船"克里科克"号一头栽进海底；一艘大货舱喷涌着蒸汽掉了队……

护卫舰面对众多U艇的攻击，东窜西扑，疲于奔命。

随着连绵不断的爆炸声，一艘接一艘的商船从海面上消失，水面上遍布各种物品、船体的碎片、尸体。一片片的燃油在海面上飘浮散开。

面对德军凶恶的潜艇，阿巴斯回天无术，眼睁睁地看着U艇追杀船队。

整整一夜，17艘商船被德国潜艇送入了海底，SC－7运输队折损过半。

19日，天刚放亮，德国的潜艇又躲入了水下，眼看着残存的SC－7运输队已经驶近英国海岸，德国人这才恋恋不舍地停止了攻击。

3艘潜艇鱼雷耗尽，不得不返航比斯开湾，其余几艘潜艇接到指挥部的指令，转而攻击刚刚发现的HX－79号护航运输队。

HX－79号护航运输队是一支由45艘舰船组成的高速编队，它所装载的是英国急需的作战物资，因此其护航舰艇的实力也远远超过了SC－7，计有：2艘驱逐舰、1艘扫雷舰、4艘驱潜快艇和3艘武装拖网渔船，凭借较高的航速和众多的护航舰艇，英国人自以为万无一失，放心大胆地通过大西洋直驶英伦三岛。

此刻，一只狡猾的"老狼"正悄悄地盯上了HX－79舰队。这就是U－47号潜艇，舰长是那位大名鼎鼎的普莱恩。

普莱恩发现HX－79号运输队后，并不急于攻击，而是一面跟踪前进，一面不断将英军的位置报告岸上指挥部。凭借着高超的航海技术和坚忍的毅力，普莱恩连续跟踪这个高速编队一天一夜，终于引导刚刚完成攻击任务的4艘潜艇，找到了新的目标。

19日到20日，连续两个夜晚，在普莱恩的指挥下，U－38、U－47、U－46、U－48和U－100号共5艘潜艇，对HX－79护航运输队实施了连续攻击，船队被迫解散各自逃生，一夜之间12艘商船沉没，2艘受伤。

对于邓尼茨来说，他的"狼群"战术终于收到了理想的战果，他为自己的艇长们在如此短暂的时间里，熟练地掌握了作战的技巧而感到满意。他亲笔写到：

"集中的商船队必须由集中的潜艇实施联合攻击；这种攻击之所以成功，得力于官兵经过彻底的训练；在特定的战场上，潜艇的数量越多，则耳目越多，从而便能找到更多的船队，因而也有更多机会从事于联合攻击；在场的潜艇数越多，便意味着一次攻击之后，通向英国的海道暂时并未脱离险境，直到所有的作战潜艇几乎全部用完了它们的鱼雷，被迫返回基地，这条海道才告安静。"

英国海军历史学家罗斯基尔海军上校在他的《海战》一书中，对德国"狼群战术"的初期使用做了如下评价："敌人采用了一种我们从来没有遇到过的进攻方式，而我们无论在战术上还是在技术上都没有做好抵御它的准备。"

▲ 被击沉的U艇上艇员挣扎着爬上救生船。

☆ "不妨叫做大西洋之战"

英国，伦敦唐宁街十号。

宽大的首相办公室，丘吉尔愁容满面，呆呆地望着办公桌上堆起了一堆文件。

8月份以来，德国空军以平均每天数百乃至上千架次的规模，对英国本土实施了狂轰滥炸，使英伦三岛陷入了一场恐怖危机。在这一段被称为"不列颠之战"的日子里，上任不久的丘吉尔四处奔忙，安定人心，鼓舞士气，筹划作战。

现在德国潜艇在大西洋拼命追杀英国商船，使英国皇家海军措手不及。英国商船的损失骤然上升。在一次会议上，英国大不列颠舰队司令坎宁安勋爵一针见血地指出："当入侵英国证明为不可能时，邓尼茨却看到了能使这个国家屈服的惟一途径。他实施慢性绞杀的战略——击沉我方商船——是十分冷酷无情的。他始终看得很清楚，大西洋是惟一能使德国获胜的战场。卡尔·邓尼茨可能是英国自罗退耳以来所面临的最危险的敌人。"

坎宁安勋爵的话令丘吉尔回味了好几天。他打开文件，文件上醒目的数字深深地刺痛了他的心：

最近6个月以来，我们的船舶遇到了非常严重的损失。在9月22日以前的那个星期达到了自开战以来最高的损失率，事实上超过了我们在1917年同一时期所受的损失。被击沉的船只有27艘之多，将近16万吨，其中许多是从哈里法克斯开来的，装有重要物资的船只。10月间，另外一只大西洋运输船队也遭到了潜艇的袭击，34艘船中被击沉20艘。

遭到敌人潜艇攻击的直接后果是进口数量的锐减，在截止到6月8日的那一个星期中，恰逢法兰西之战达到高潮，但我们仍然输入了120.153万吨货物，石油尚不包括在内。到7月底，这一进口数字就下降到每星期不到75万吨，虽然在8月份这一数字略有回升，但是在最近3个月中，每周的平均进口数也只有80万吨多一点。

12月17日，海军部专门召开了一次海上航运问题的会议，出席的只有海军部人员和海员。人们一致认为：一个十分熟悉的危险和困难已骤然加剧。回想1917年2月和3月的情形，那时，潜艇击沉我船只数字的曲线逐步上升，尽管皇家海军极力应付，人们也怀疑同盟国究竟还能打几个月的仗。现在，我们船舶的损失程度几乎和上一次战争损失最大的一年不相上下，在11月3日以前的5个星期里，损失竟高达43.3万吨。

为了使我们的作战活动保持充分的力量，我们估计，每年应进口的货物是4,300万吨。如果船舶吨数像目前边祥继续减少，那么除非真能及时得到远远超过目前补充的吨数，则后果是不堪设想的。我们虽已想了许多新的办法来应付这种局面，但要减少损失显然是十分困难的。和上一次战争相比，我们缺少法国海军、意大利海军和日本海军的协助，特别是缺少美国海军的协助。敌人已控制法国北部和西部海岸的所有港口。越来越把这些港口和法国海岸附近的岛屿当作潜艇的作战基地。我们却不能利用爱尔兰的港口和领土以便从空中和海上对我们的海岸进行巡逻。事实上，我们只有一条可以进入英伦三岛的航道，即北部航道，但是敌人正在那里集中兵力并以潜艇和远程轰炸机不断骚扰。除此以外，近几个月以来，在大西洋和印度洋还出现了敌人的海上袭击舰，我们还需要对付强大的海上袭击舰。我们既需要能够追击敌人的军舰，也需要护航用的舰只。

最后，我们想请您告诉议会和所有英国人民的是：当前，最迫切的需要，是在大西洋通向我国本土的航道上防止和减少船舶的损失。

▲ 丘吉尔在英国海岸视察防务。

看到这里，丘吉尔把文件推开，站了起来，迈着沉重的步子慢慢走到办公室北墙的窗前，顺着窗外望去，伦敦城笼罩在茫茫的浓雾之中。

"首相阁下，今天下午议会演讲的内容已经准备好了。"秘书轻轻地走了进来，把一份稿子放在办公桌上。

伦敦，英国议会。

丘吉尔富有煽动性的演说吸引着众多的议员：

大不列颠被敌人以优势兵力迅速一击就完全消灭的危险，目前已大大减少。继此而来的，是另外一种长期的和逐渐形成的危险，虽然不像前一种危险那样突如其来、触目惊心，但也同样是致人死命的。这种致命的危险就是船舶吨位不断地、一天一天地减少。在不分青红皂白的轰炸下，房倒屋塌，平民惨遭杀害，这是难以忍受的。我们希望，随着我们科学的进展，能够逐步应付空袭，而且在我们的空军力量更接近敌人的力量时便回敬他们，去袭击德国的军事目标。决定1942年的成败系于海上。除非我们确能维持我们本土的食品供应和输入我们需要的各种军火，除非我们确能把我们的军队调动到各个战场去迎击希特勒和他的同伙墨索里尼，而且把我们的军队驻扎在那里，并且确信，能够把所有这一切一直进行到使欧洲的独裁者精神崩溃，否则，我们就可能中途失败。因此，1941年整个战争的进展取决于船舶以及远涉重洋－特别是大西洋－的运输力量。另一方面，如果我们能够使我们所需要的船舶运输无限期地在海洋上来去航行，那么，我们就可以把优势的空军力量转用于德国本土，更加上德国人民以及其他惨遭纳粹蹂躏的民族日益增长的反抗，也许就能给遭受浩劫的文明带来幸福，使它重见光明。

潜艇战将使我们的进口和船舶减少多少呢？它是否会达到毁灭我们

生存的程度呢？这里不是故作姿态或耸人听闻的场所，这里只有图表上缓慢而冷静地绘制的线条，表明我们可能要被人扼杀。与此相比，尽管有作好了准备要直扑敌人的勇敢的陆军，或者为进行沙漠战拟定了妥善的计划，也意义不大了。在这阴森的领域中，人民崇高而忠实的精神也于事无补。要么，我们把粮食、军需和武器从新大陆和英帝国殖民地渡过大洋运抵我国，要么，它们就运不来。从敦克尔刻到波尔多的全部法国海岸线都已落入了德国人的手中，他们毫不迟疑地在那里为他们的潜艇和与潜艇相配合的飞机建立了基地。而我们却被迫放弃了爱尔兰以南的航道，因为那里不允许我们派驻战斗机。所有的船舶都需要绕航北爱尔兰开来。感谢上帝，北爱尔兰在这里成了忠实可靠的哨兵。默尔西河和克莱德湾成了我们赖以呼吸的肺叶。

......

少数了解情况的人，每天相遇的时候，都是你瞧着我，我瞧着你。人们都知道，深入水中的潜水员，每分钟都离不开他的通气管，如果他看见大群大群的鲨鱼咬他的通气管，他会有什么感觉呢？尤其是在他已经没有被拉上海面的希望时，他会有什么感受呢？

对我们来说，是没有海面的。在这个非常拥挤的海鸟上，居住着4,600万人，他们正在世界各处从事于范围广大的作战活动，他们都和那位潜水员一样。鲨鱼将如何对待他的通气管呢？怎样才能驱散或杀死鲨鱼呢？

我们，所有的英国人，都应该知道，我们将面对的是一场比我们刚刚取胜的不列颠之战更加艰苦和漫长的战斗，我们不妨就把它叫作大西洋之战。

全世界所有的朋友们，请你们支持我们，帮助我们！

我们终将取得大西洋之战的胜利！

第5章　CHAPTER FIVE

"俾斯麦"号的神话

邓尼茨正伫立窗前，望着窗外冰天雪地的世界，脸上不时浮现出不易察觉的笑容。"雷德尔元帅，你的海军都干了些什么啊？"希特勒终于发怒了，大声地吼道："你们海军依旧缩手缩脚，没有大的建树，一直进展顺利的潜艇战反倒连受挫折。损失了3个王牌艇长且不说，你们的'英雄'艇长克里奇默尔居然作了英国人的俘虏……"超级战列舰"俾斯麦"号一个鲤鱼翻身，希特勒的"王牌"军舰终于卷入了北大西洋冰冷的波涛。

☆ "快乐时光" 转瞬即逝

1940 年 12 月的一天，法国洛里昂。

德国海军潜艇前线指挥部作战室，邓尼茨正伫立窗前，望着窗外冰天雪地的世界，脸上不时浮现出不易察觉的笑容。

潜艇部队实施"狼群"战术以来，给英国的运输船舶造成非常严重的损失，英国的大西洋运输线几乎中断。元首三番五次地夸奖潜艇部队。为了不辜负元首的期望，必须加大对英国海上运输的破坏。

邓尼茨早就有了用潜艇和飞机的协同进行海上破坏的想法，但在战争初期，潜艇和飞机的协同是不可能的，因为德国最远程的飞机也飞不到英国西面的潜艇战场上去。

由于征服了法国北部使德国能把空军基地设到大西洋沿岸，邓尼茨于6月份要求空军对大西洋上的潜艇战予以支援。

从法国北部基地出发，可以进行空中侦察，由此来发现敌方船队所在和在爱尔兰周围区域去发现敌护航兵力的分布情形。

邓尼茨认为，在空潜配合中，飞机的任务在于找到敌船队和其他有价值的目标位置，并和它们保持接触，而且万一因夜晚而中断接触，要求于第二天早上恢复接触。

由于海军支配的空军兵力极其单薄，具有一定续航力的飞机缺乏，以致不时只有单机出击，而且只能到达爱尔兰西南的地区。其结果，是自1940年7月到12月间，德军不能发动一次有任何成绩的联合作战。

现在占领大西洋海岸已经5个月了，潜艇司令部还没有取得应有的空中支援，

▲ 邓尼茨将所有的赌注都押在了 U 艇上。

也不能组织我们自己的空中侦察。

想到这里，邓尼茨回到办公桌前，提笔给海军总司令部草拟了一份备忘录。

1. 潜艇用于侦察是毫无价值的。它的视野半径太小了，它不能迅速地侦察一片巨大的海区。无论如何，以潜艇从事侦察总是舍长求短而浪费其作战能力。假如潜艇不必一连数周地守株待兔而有空中侦察为它指引，则其成效要大得多了。每一兵种都有自己的侦察手段，而潜艇竟成例外。

2. 空军可以经过远程的空中侦察把敌航运的位置与运动的情报提供

给我们，我们便可以组织潜艇按图索骥发动攻击。

3.空军还可以进一步对潜艇集中处的附近地区进行尽可能的全面的侦察，把一切有价值的目标报告过来，这样就不仅处于潜艇攻击半径以内的目标不至遗漏，并且任何敌船都不能通过潜艇作战地区而不被察觉。

4.空潜配合的可能性还不限于侦察方面。白天里飞机可以和目标保持接触，以待潜艇前来，或者用信号引导潜艇驶向目标；一旦和目标失去接触，飞机于次日又可重新获得。我们所需的是尽可能密切的战术协同和协力作战。

5.完成这些任务将不至妨碍空军对商船的攻击。航空兵愈是攻击，则敌愈混乱，从而对于潜艇部队愈有利。凡为潜艇所守候的地区往往都是航运交会之地，因而便提供空袭这良好的机会。虽然潜艇就在附近，但不会限制飞机的活动。潜艇惟一的要求就是飞机不要轰炸潜艇，即使空军明知那是敌方潜艇也不要轰炸。

6.这种协同的形式可以和空军部队直接商量有效起见必须注意下列两点：

a．要有适当的兵力以供机动；

b．关于指挥和节制要权责分明。

侦察活动必须由海军来担任指挥。发现目标之后，必须由海军来组织协同，但不限制空军指挥它的战术自由。换句话说，搜索的区域和使用飞机的数量要由潜艇司令部决定以保证执行的效果。

1941年1月30日，柏林。

希特勒发表演说宣称："到春季，我们将在海洋中展开潜艇战，而且英国将会认识到，我们并没有睡大觉。"

在希特勒的支持下，德国潜艇的数目不断迅速增加。在1941年的第1季度，每

▲ 德军潜艇伺机攻击盟军船队。

月生产 10 艘新潜艇，以后增加到每月生产 18 艘潜艇。潜艇的型号和性能也都改进了，大致有两种：一种是 500 吨型潜艇，巡航航程为 11,000 海里；一种为 740 吨型潜艇，巡航航程达 15,000 海里。

邓尼茨的潜艇战总算得到元首的首肯，并且放到了十分重要的战略地位，他真有些受宠若惊。他暗暗考虑，如今潜艇战已成为现实，元首会同意为潜艇部队配备航空侦察兵力。

邓尼茨鼓动雷德尔元帅，希望他向元首要飞机，装备潜艇部队。

希特勒欣然同意了邓尼茨的请求，1 月 7 日，他亲自将一队远程轰炸机调配给邓尼茨，这些都是乘空军司令打猎时干的。

德国 U 艇由于艇体低，即使从最高的指挥塔上瞭望，可视距离也很有限，可是有了飞机就如虎添翼。在辽阔海面上空的飞机老早就可以发现敌目标，并引导潜艇到目标附近进行攻击。

英国利物浦市，德比大厦。

英国海军西部海口地区司令部位于德比大厦的第 4 层，海军上将诺布尔和参谋人员在这里夜以继日地关注着大西洋战局的动态。

上午 9 时，德比大厦 4 层的海军作战室里，英国海军西部海口地区司令诺布尔上将、空军岸防航空兵司令鲍希尔上将以及英国海军潜艇部队司令霍顿中将在内的十几位高级军官，正围坐在一张宽大的椭圆形红木桌旁。这次会议由英国海军部组织，主要分析大西洋作战形势。

诺布尔上将主持会议，他首先发言；"诸位，大西洋战役已经开始。要粉碎德军的潜艇战攻势，确保大西洋交通线的安全，这是我们最重要的任务，对英国的生死存亡至关重要。今天请各有关部门的指挥官来，就是想共同研究大西洋作战问题。先请海军情报部长罗斯上校把最新的动态介绍一下。"

罗斯站起身来，走到会场正前方的一张挂图旁，这是一张大西洋情况图。他用指挥棒在地图上比划着。

"据我们目前掌握的情况看,德军拥有潜艇103艘,其中用于大西洋潜艇战的约60~70艘。这些潜艇的数量比去年增加了近一倍。

"目前,希特勒在苏联方向的进攻受阻,已向邓尼茨下达了尽最大努力切断英国海上运输线,围困英国的作战命令。因此,即将来临的大西洋形势是十分严峻的,应该引起我们高度的重视。"

听完罗斯的介绍,与会人员不禁倒吸了一口冷气,本来就十分严峻的大西洋形势将面临更严重的考虑。霍顿中将不失时机地接过话题。

"依我看,我们应注意考虑两个问题:其一是怎样保卫我们的运输船队,使其免遭德军潜艇高速的夜间袭击;其二是如何利用敌潜艇在水面状态活动的弱点,予以打击。第一个问题,主要是我们的潜艇探测器在敌人的高速夜袭下实际上作用已经很小。为此,不仅应增加快速护航舰只的数量,而且应加快发展能有效用于反潜探测的雷达。至于第二个问题,我很想听听空军的高见。"

鲍希尔上将正饶有兴趣听着霍顿的发言,没料到被霍顿突然将了一军,但鲍希尔毕竟经验丰富,临阵不乱,他不慌不忙说道:

"这个问题我也曾考虑过。按理说,昼间飞机是可以较易发现水面状态的潜艇并及时发起攻击的。不过夜间就难办了。我们缺乏有效的夜间探测装备和足以击毁敌潜艇的武器,此外,即使有了新装备,也必须假以时日方能掌握。"

诺布尔上将不愿听到这些空泛的话题,他适时将话题引入更具体的问题。

"对德军潜艇的'狼群战术',诸位有什么对策?"

海军的作战部长卡特少将似乎对这一问题早有研究,他胸有成竹地应道:

"我来谈点想法。通过对前一段德军潜艇作战活动的分析,我们发现'狼群战术'有着致命的弱点,一旦我们抓住敌人的弱点,狼群战术也就失灵了。'狼群战术'的前提是情报保障。舍此则无异于盲动。

首先,德国人必须在浩瀚的海洋上发现护航运输队,这本身就非常困难。如果我们护航运输队保持较小规模并能根据我们潜艇跟踪室提供的情报,谨慎地选择航线和不断地变换航向,就有可能不被或少被敌潜艇发现。

其次,德国人除在极少的情况下有不间断的空中侦察保障外,'狼群'主要靠潜艇发现目标后跟踪搜索并尾随我们的护航运输队。如能将跟踪的潜艇敲掉或迫使它不能持续地跟踪搜索,那么护航运输队就可以免遭'狼群'的攻击。

再次,担负跟踪护航运输队任务的德军潜艇,必须几乎不停地发送信号,以此召唤'狼群'行动。而这实际上也给我们提供了'狼群'正在迫近护航运输队的告警讯号。只要我们的无线电侦听部门能对此高度警惕,尽管不能破译其密码,但至少可根据敌潜艇发出信号的类型、频度和地点,从而了解可能发生的事情。这样我们就可以采取必要的防范措施,并可及时为可能遭袭的护航运输队提供必要的保护。"

卡特少将的见解得到了与会者的赞赏,大家就这一问题展开了激烈的讨论。

最后,在结束会议前,诺布尔上将总结道:

"今天的会议开得很好,对大西洋作战问题有了更加深入的研究,许多意见和建议是极有价值的。我想提醒大家的是,形势是严峻的,绝不可掉以轻心。我们应在现有的装备基础上,尽快研制和发展新型反潜装备。空军航空兵和海军舰艇部队要密切配合,协同作战,共同完成大西洋反潜作战的任务。诸位回去后,要尽早做好战斗准备,随时准备痛歼德国潜艇!"

英国海军部下令扩充并重新部署空军海防总队,采取了海军与空军协同反潜作战的战术。当时,英国皇家海军还没有自己的航空兵,于是由英国空军总部成立了海岸轰炸航空队,计划到1941年6月该队增加到15个中队约220架飞机,其中包括英国"山达兰"式飞机和57架美国"卡塔利纳"式巡逻机。该航空队于1940年12月4日编入英国海岸司令部。1941年4月15日,该队转属英国海军部,并改组为海军航空兵。

英国空军海岸轰炸航空队加强了空中巡逻。不过,在大西洋上仍有数百里宽的海域,其海域中线大致位于格陵兰岛通往亚速尔群岛的方向上,由于英国空军海岸

▲ 希特勒正在视察潜艇部队。

▲ 德国战机在空中给 U 艇护航。

轰炸航空兵的飞机作战半径不足以达及而形成了空中巡逻的空白区。

为填补这一空白，英国开始在一些大型商船上加装了弹射器并部署了飞机。这些飞机的任务是赶跑德国的远程侦察机并使用深水炸弹等武器攻击德国潜艇。这些飞机飞离商船后是无法回收的，完成任务后只能降落在商船附近的海面，然后由海员把飞行员营救到商船上去。

为了帮助英国，17名美国海军飞行员被秘密派往英国海岸司令部空军中队。他们名为"顾问"，实为驾驶美制PBY"卡塔利纳"式巡逻机的飞行员。

这些飞机成为英国护卫船队的得力助手，给U艇造成极大的威胁。它们一旦发现德国U艇，立即通知护航船队改变航线；同时向U艇发起攻击，投放深水炸弹。

英国的反潜技术在对付U艇的夜间战方面也初露锋芒。1941年1月，英国部分海军护卫舰和海岸航空队的飞机上安装了一种操作简便的雷达。护卫舰上还装备了新研制的无线电方位测定装置，它能捕捉到U艇发出的电波，并据此来判断U艇的位置。这样一来，护卫舰不再是"夜盲"了，即使在夜晚也能发现U艇，进行攻击。

1941年3月6日，大西洋中部海区。

当夜幕刚刚降临的时候，一支代号"OB－293"的英国护航运输队，满载着为驻非洲英军提供的急需的作战物资，在8艘驱逐舰的护航下，向非洲驶去。

当船队行驶到冰岛西南部海域时，正在这一带活动的德国U－47号潜艇发现了目标。艇长普莱恩上尉用无线电通报了情况。邓尼茨当即命令在附近海域活动的德国U－70号和U－99号潜艇，火速赶往目标所在海域。

U－47号潜艇是一艘德国潜艇部队中屡建战功、赫赫有名的"王牌潜艇"。大战开始时，普莱恩曾率U－47号潜艇一举击沉英国皇家海军战列舰"皇家橡树"号。在此后的一系列作战中，普莱恩率领U－47号潜艇又击沉了许多同盟国商船。普莱恩又获得了一枚"橡叶勋章"。他成了德国的"国民英雄"，走到德国任何地方，都有人向他脱帽致敬。除他以外，德国潜艇部队中U－99号艇长克里施玛尔少校和U－100号舰长斯普克上尉也是击沉10万吨（吨位）以上船舶的"王牌潜艇"的指挥官。

U－70号和U－99号潜艇正从东面向护航运输队逼近。U－70号潜艇的艇长好不容易赶上一次与2艘"王牌潜艇"并肩作战的机会，他希望与他的同行一样建立奇功。所以，他迫不及待地向艇员们发布进入战斗状态的命令：

"鱼雷发射器准备发射！"

他聚精会神地盯住英国护航运输队尾部的几艘商船。U－70号潜艇进入战斗航向，鱼雷发射器业已准备完毕。距目标越来越近了，艇长焦灼地等待着，1,000米，800米……潜艇抵近目标，鱼雷对准了"猎物"。

"鱼雷发射器，放！"艇长发出了攻击指令。

"嗖！嗖！"2条鱼雷从艇首呼啸而出。

只听"轰"的一声巨响，鱼雷击中一艘商船，冲天的火光把海面照得通红。

U－99号潜艇也毫不逊色，连续向目标发射了几枚鱼雷。不一会功夫，英国护航运输队就损失了几艘商船。

担任护航任务的英国驱逐舰迅速作出反应，不顾一切地冲向德国潜艇。

克里施玛尔和斯普克两位艇长正洋洋得意地望着一片忙乱的英国舰队。突然，2艘英国驱逐舰冲来，他们顿时慌了手脚，赶忙命令潜艇紧急下潜，以躲避驱逐舰的报复性攻击。

急红了眼的英军舰长们，岂肯放过这2艘潜艇，驱逐舰用声呐套住了目标，深水炸弹像雨点般投向潜艇的下潜海域。

"轰！轰！轰！"炸弹在海里的爆炸声不停地响起。U－70号潜艇当即被炸沉入海底，只在海面上留下了一滩滩油迹。

U－99号潜艇被炸得失去平衡，被迫浮出水面。克里施玛尔艇长急忙率艇趁着夜色拼命逃窜，好不容易逃脱。

在一片混战中，U－47号潜艇始终没有露面。原来，普莱恩一直尾随在"OB

▲ 英高级军官正在召开作战会议。

－293"护航运输队的后面，准备伺机下手。不料，被他召来的 U－70 号和 U－99 号潜艇先下了手，还没等普莱恩反应过来，就遭到了英国驱逐舰的报复。

好在 U－47 潜艇没有过早暴露目标。普莱恩心想，难道就此罢手撤回基地吗？不行！被自己召来的 2 艘潜艇落到如此下场，我"王牌潜艇"岂能草草收兵，这样空手而归，不受到上司的训斥，也会让同行看笑话。普莱恩决心趁英国护航运输队不注意，打它个措手不及。

次日清晨 4 时 24 分，一场暴风雨突然降临，狂风卷起一堆堆巨浪，恶狠狠地扔向在海上漂泊的运输队。

机会终于来了！一直尾随在后的普莱恩暗暗高兴。他准备利用暴风雨作掩护突破护航舰艇的警戒，单枪匹马地大干一场。

▲ 一艘德军潜艇水中航行时尾部的呼吸管清晰可见。

▲ 英军护卫舰上配备的大炮可以有效地打击德国潜艇。

没想到，警觉的英国"黑獭"号驱逐舰的雷达兵发现了U－47号潜艇。很快，驱逐舰投下的深水炸弹摧毁了U－47的推进器。

"黑獭"号仍穷追猛打，直到舰上深水炸弹全部快用光。U－47号的末日终于到来了，这艘德国"王牌潜艇"再也没有浮出海面。

3月中旬的大西洋上，气候逐渐转暖，阳光照射在辽阔的海面上，泛起一片金光。

德国U－110号潜艇像幽灵般在海洋上四处游荡，不时浮出海面四处张望，看是否能捕捉住"猎物"。

3月16日中午时分，艇长林柏少校让潜艇浮出水面，几名水兵爬出舱外，准备伸伸懒腰，晒晒太阳。

林柏举起望远镜，向四处认真观望。突然，在远方海天一线处冒出了浓浓的黑烟。林柏少校看罢不禁喜上眉头：这下子可逮住英国护航运输队了。

他立即回到舱内，通过电台联系上了在附近的U－99号和U－100号潜艇。由于昼间容易暴露目标，这些"老狼"们不便下手，只是远远尾随在英国护航运输队的后面，准备天黑后再动手。

U艇跟踪的目标是一支代号"HX－112"的英国护航运输队。

黄昏时分，担负警戒任务的英国5艘驱逐舰和2艘护卫舰开始向周边海域搜索。不久，舰上的声呐捕捉到U－100号潜艇。3艘驱逐舰立即围了上去，用深水炸弹进行猛烈的攻击。

此时，克里施玛尔少校趁英军警戒舰艇攻潜之际，率领U－99号潜艇乘虚而入，突入船队中间，用鱼雷攻击商船。只见几艘商船火光冲天，商船急忙向驱逐舰只发出求救信号。

正忙于攻击U－100号潜艇的英军舰只接到求救信号后，急忙停止攻潜赶去救援。U－99号潜艇在击沉6艘商船后，趁乱偷偷地溜走了。

▲ 受损的德国潜艇开始上浮，冒起阵阵水花。

U－100号潜艇乘机脱离险境，但艇长斯普克不甘心空手而归，又率艇跟上了护航运输队，他决心杀个回马枪。

第二天凌晨，斯普克率舰悄悄浮出海面，占据了有利阵位，进行了水面状态攻击。他知道这时候下手是最好的时机，因为凌晨时分正是船员们最麻痹的时候。

斯普克万万没有想到，英国驱逐舰已经盯上了他的潜艇。英军驱逐舰又一次围攻上去。这一回U－100号潜艇可就没那么幸运了，潜艇还没来得及下潜就中弹了。

说是迟，那时快，一艘英国驱逐舰高速冲了上去，锋利的舰首将这艘曾击沉同盟国15.9万吨位商船的"王牌潜艇"拦腰斩断，斯普克上尉和全体随员们当即丧命。

不久，英国"徘徊者"号驱逐舰的声呐发现了潜藏在海底企图蒙混过关的U－99号潜艇，一连串的深弹炸得U－99号潜艇失去了控制，被迫浮出了水面。克里施玛尔艇长成了皇家海军的阶下囚。

在短短不足一个月的反潜战中，德国损失了3名王牌艇长，其在大西洋的潜艇损失率上升到20%，严重遏阻了德国春季潜艇战攻势的锋芒。

☆ 欲借"莱茵演习"显威

1941年5月，希特勒在贝格霍夫召集三军首脑举行秘密会议，分析战局。陆军总司令瓦尔特·冯·布劳希奇将军满面红光，俨然一副胜利者的面孔。他手拿指示棒，在巨大的地图上比划来比划去，向他的元首和同僚炫耀着德国陆军的战果：

"德军于4月17日攻占南斯拉夫后，现正跨过瓦尔达尔河，向南推进。我们的机械化部队长驱直入进逼希腊，一支先头部队已跨过科林斯地峡，直指伯罗奔尼撒半岛，另一支已抢先攻进了阿林斯。英国残部正向大海方向逃窜。在地中海南岸，'沙漠之狐'隆美尔将军的非洲兵团兵分四路压向英军防线，不日便可攻克。"

希特勒一直紧绷的脸露出一丝笑意。空军司令戈林沮丧地垂着脑袋，愁眉紧锁，一扫往日趾高气扬的神情，他的对英空战徒劳无益，已接近尾声。雷德尔则是诚惶诚恐，随时等待着主子的训斥。

"雷德尔元帅，你的海军都干了些什么啊？"希特勒终于发怒了，大声地吼道："挪威落入德军之手后，你们海军依旧缩手缩脚，没有大的建树，一直进展顺利的潜艇战反倒连受挫折。损失了3个王牌艇长且不说，你们的'英雄'艇长克里奇默尔居然作了英国人的俘虏，丢尽了纳粹帝国的脸……"

雷德尔胆颤心惊地伫立一旁，忍受着主子的斥责。直到希特勒口干舌燥，他才小心翼翼地解释说：

"我准备采取一次决定性的行动，行动代号为'莱茵演习'，就是派"俾斯麦"号和"欧根亲王"号前往北大西洋，袭击盟国的护航运输队。记得年初，"沙恩霍斯特"号和"格奈森诺"号战列巡洋舰曾双双出马，一下子就干掉了11万多吨商船。对它们打了就跑的战术，英国海军似乎一时还无良策。我想，'俾斯麦'号比"沙恩霍斯特"号和"格奈森诺"号两舰本事高强，让它出战，无疑能给英国佬以狠命打击。"

看到主子面露喜色，雷德尔又得意忘形了："我敢说'俾斯麦'号打通大西洋都无敌手，因为它是战列舰之王。"

会议结束时，希特勒拍拍雷德尔的肩膀："好好干！我等待着'俾斯麦'的好消息！"

"俾斯麦"号是一艘超级战列舰，长224米，宽36米，排水量4.2万吨。两舷中甲板下装甲厚度330毫米，主甲板装甲厚度分别为101.6毫米和50.8毫米。它装有8门381毫米主炮，12门150毫米副炮，16门105毫米高炮和40门机关炮。此外，它还装有6具533毫米鱼雷发射管，4架水上飞机和两部弹射器。最高航速29节，舰员编制2,000人。

THE BATTLE OF THE

ATLANTIC 二战经典战役全记录
魂归大西洋

▲ 虽然服役时间很短，"俾斯麦"号却是当时世界最大、最强的战舰。

"俾斯麦"号充分体现了德国"巨舰大炮"主义，他们企图用它在大西洋上称霸。

俾斯麦是德国家喻户晓的人物，他地主出身，是一位政治家。曾任德国国会议员和驻法、俄大使。1862年至1871年曾任普鲁士王国首相，1871至1890年任德国帝国宰相，推行所谓"铁血政策"。俾斯麦在其任职期间，发动了侵略丹麦的战争、普奥战争和普法战争，通过一系列的战争统一了德国。1871年他又帮助法国凡尔赛政府以铁腕镇压了著名的巴黎公社工人运动。在他当政时期，德国由一个软弱的"邦联"一跃成为强大的帝国，他所采取和推行的各种政策，在19世纪后半叶左右着欧洲的命运，因此被誉为"铁血宰相"。

希特勒对"俾斯麦"舰一直很重视，下水典礼那天，他不但带着军政头目赶到船厂，而且特意把俾斯麦的孙女也请来。希特勒感到非常骄傲，这艘巨舰超过英国历史上任何一艘巨舰，他要以此舰来振军威，壮国威。下水典礼的场面，新闻报刊大肆宣扬。

和"俾斯麦"号同行的"欧根亲王"号是一艘重巡洋舰。它的命名是为了纪念18世纪原奥地利哈普斯堡王朝的一位将军。战时，有人说它的排水量为1万吨，实际上，它的排水量超过了1.4万吨。它装有8门203毫米主炮，12门104毫米副炮，12具533毫米鱼雷发射管，4架水上飞机和一部弹射器。最大航速32节。

"莱茵演习"舰队司令是曾经率领"沙恩霍斯特"号、"格奈森诺"号攻杀过盟国商船的冈瑟·吕特晏斯海军上将。

吕特晏斯海战经验丰富，他详细地研究北大西洋的形势后，特意赶到柏林，向雷德尔陈述己见，他说：

"尽管地中海方向吃紧，英国人也不会从斯卡帕湾抽走大批舰只。只派2艘军舰出击太危险，如果皇家海军集中大西洋上的兵力，'俾斯麦'号将会遭到五六艘战列舰的围攻，且不说航空母舰、巡洋舰和驱逐舰。即使和二三艘战列舰交战，'欧根亲王'号也不是理想的帮手。"

雷德尔一听就拉长了脸，反问道："你有什么高见？"

▲ 希特勒出席"俾斯麦"战舰的下水仪式。

"我希望推迟'莱茵演习'……"

不等吕特晏斯说完,雷德尔就不耐烦地说:

"现在不可坐失战机,英国在地中海上苟延残喘,只有趁势卡断其补给线,方是上策。你马上做好一切准备!"

5月19日,"俾斯麦"号和"欧根亲王"号由2艘驱逐舰与几艘扫雷舰开道,悄悄驶出了格丁尼亚港。

吕特晏斯率舰队出波罗的海,穿过卡特加特海峡和斯卡格拉克海峡,然后转向沿挪威海岸北上。21日黎明,舰队溜进了卑尔根港东南的科尔斯峡湾。

同日,英国本土舰队新任司令约翰·托维海军上将收到海军部发来的电报说,英国特工人员发现一支德国舰队出海了。另有情报说,在格陵兰岛附近发现了德国侦察机。他立刻意识到,这些侦察机一定是为德国军舰探路的,军舰十有八九是想打入北大西洋。

他当即采取行动,加派"诺福克"号重巡洋舰前往丹麦海峡。同时,还派出侦察轰炸机直飞挪威海岸,去打探德舰行踪。

德国舰队隐藏在浓雾弥漫的科尔斯峡湾锚地内。一架英国飞机勇敢俯冲,钻出雾障,拍下了峡湾。几小时后,情报军官对放大的航空照片进行了判读:敌兵力为一艘"俾斯麦"级战列舰和一艘"希佩尔"级巡洋舰。分析是准确的,"希佩尔"号是"欧根亲王"号的姊妹舰。

办公室里,托维俯视着在他面前展开的一幅大海图,上面标出11支护航运输队的航线。他作出了决断:如果德舰躲进挪威峡湾,虎视北大西洋的护航运输队,现在必须抽出重兵,时刻监视其动向;如果德舰想突破封锁,闯向北大西洋,他就必须倾其全力,围歼强敌。

突然,他眼前一亮,指着WS8B护航队的航线说:

"没错儿!躲进挪威峡湾的军舰就是冲它而来。这支护航队运载2万名英军前往地中海,增援非洲战场。运输队由'反击'号战列巡洋舰、'胜利'号航空母舰

▲ 1941 年 3 月，从大西洋上空飞过的德军侦察机。

▲ 沉没商船上的水手正爬上前来营救的舰艇。

和752驱逐舰护航，目前正行驶在爱尔兰海岸的克莱德湾。"

他派霍兰德海军中将任先遣队司令，率"胡德"号战列舰和"威尔士亲王"号战列舰前往丹麦海峡，支援"萨福克"号和"诺福克"号。

"胡德"号满载排水量4.21万吨，航速31节，装有8门381毫米主炮，可与"俾斯麦"号抗衡；"威尔斯亲王"号刚刚服役，它排水量3.8万吨，航速30节，装有10门356毫米主炮。另外，还有几艘驱逐舰跟随。

托维还派"阿里休斯"号、"伯明翰"号和"曼彻斯特"号3艘轻巡洋舰前去搜索法罗群岛和冰岛之间的水域；让"胜利"号和"反击"号脱离护航运输队，赶到斯卡帕湾和主力部队会合，以随时照应两支先遣部队。

5月22日，海上气候十分恶劣，乌云翻滚，碧海苍茫，水天浑然，能见度很差。英国海军仍然派出一架侦察机，对"俾斯麦"号跟踪侦察，冒着德国舰队高炮的猛烈反击，沿挪威西海岸尾随敌舰队，发现敌舰队驶出海湾，随后再也找不到目标，那架侦察机被击伤而坠入大海。

当晚，托维率领本土舰队驶出了斯卡帕湾。这时的兵力编成为："胜利"号航空母舰、"加拉蒂"号、"奥罗拉"号、"肯尼亚"号、"赫尔米厄尼"号巡洋舰和7艘驱逐舰。23日，待"反击"号战列巡洋舰和几艘驱逐舰入列后，他即率队加速西行，企图抢占冰岛和奥克尼群岛之间的中心位置，截杀德舰。

☆ "俾斯麦"号殒落大西洋

此时，吕特晏斯的舰队正在向西推进。23日晨，德舰跨过了北极圈，沿冰岛北线行驶。

傍晚，他的舰队进入丹麦海峡。大海上空黑沉沉的，风雨交加，冷风刮过，又卷起团团雪粒。

海峡最窄处宽约180海里,格陵兰岛一侧流冰拥塞,冰岛一侧布有水雷场。吕特晏斯率舰小心翼翼地向前行进。他不敢急慢,通知"俾斯麦"号舰长林德曼和"欧根亲王"号舰长布林克曼,作好战斗准备。

"俾斯麦"号大炮转动,1,600磅穿甲弹被推进炮膛。在战列舰的顶部,测距兵瞪着雪亮的眼睛。

22时15分,瞭望哨发现远处有一团模糊的影子。吕特晏斯当即命令主炮转向左舷,准备射击。

"开火!"他果断地下令。

"嗖!嗖!嗖!""俾斯麦"号上3颗重磅炸弹喷涌而出。

吕特晏斯举起望远镜,一动不动地死盯着远方的英国巡洋舰,他看到英舰的周围升起了一道道白色水柱。

突然,英舰舰尾窜起一团黑烟。吕特晏斯判断,敌舰可能忙着护航,不愿恋战。他走到驾驶台前告诉林德曼:这片水域没有重兵把手,战列舰应继续南下。

可是,他万万没有料到英国本土舰队已经倾巢出动,霍兰德海军中将正带领"胡德"号和"威尔士亲王"号,率先从左侧斜杀过来。

根据托维的命令,霍兰德准备前往丹麦海峡占取阵位。一收到"诺福克"号和"萨福克"号巡洋舰的电报,航海官就在海图上绘下了德舰的位置。他下令"胡德"号和"威尔士亲王"号加速至27节,取295度航向,直奔冰岛雷克雅未克西南300海里水域,打算在天亮前截住德舰。

5月24日,天刚刚放亮,英国"胡德"号重巡洋舰和"威尔士亲王"号战列舰,在冰岛与格陵兰之间水道与德国舰队突然相遇。"胡德"号警报大响,并向"威尔士亲王"号发出发现敌舰的灯光信号。"胡德"立即向敌舰开火,"俾斯麦"号也迅速还击,双方展开了激烈的炮战。

经验丰富的吕特晏斯断定"胡德"号是旗舰,就命令所有船只集中火力攻击

▲ "俾斯麦"号战列舰是当时战列舰中的"巨无霸"。

▲ "胡德"号被击中燃起大火，不久后沉没。

"胡德"号。第一次齐射，就有两发炮弹命中"胡德"号，甲板上燃起大火。"胡德"号负伤后仍然追击敌舰，死死咬住，继续射击。

英舰队拥有8门381毫米炮和10门356毫米炮，火力上占有明显优势。但是，临战态势对德舰队有利。德舰由北向南，可用全舰火炮齐射；英舰由东向西，头对德舰，只能用首炮还击，这差不多减少了一半火力。战斗激烈异常，"胡德"号又调出首炮轰击"欧根亲王"号，结果使火力更加分散。

5时57分，霍兰德命令舰队转向，以便尾炮开火。这时，"俾斯麦"号进行了第二次齐射，一颗重磅穿甲弹再次击中"胡德"号，引起高炮弹药箱爆炸，甲板上顿时成了一片火海。"威尔士亲王"号赶紧转向，躲开了"胡德"号的航迹。

接着，"俾斯麦"号进行了第三次齐射。一颗炸弹竟撕开"胡德"号的厚装甲，穿透6层甲板，沿着没有防护的狭窄通道，一直落到炮塔底下的弹药舱里。300吨高爆炸药被引爆，顷刻间引起大爆炸，"胡德"号断成两截，瞬间沉入海底，1,421名官兵，除3人生还外，其余全都以身殉国，其中包括先遣舰队司令霍兰德海军中将。

"俾斯麦"号又转移炮口，重点又朝向"威尔士亲王"号。双方炮战打得天昏地暗。暴风雨般的攻击，使"威尔士亲王"号有些招架不住，幸好2发重型炮弹命中"俾斯麦"号，钻进它的油库爆炸，致使大量黑色的燃油流向大海。

"威尔士亲王"号也受了伤。一颗炮弹击中舰桥，舰桥内的人员非死即伤；一颗炸中了火控指挥室，将它的后壁戳了一个大洞。利奇舰长盲目还击，只有少数几次瞄准了目标。

6时13分，他下令施放烟幕，避开强大的对手，撤离了战场。

"俾斯麦"号且战且退，向西南而逃。吕特晏斯得意地立在舰桥上，命令手下军官立即向他报告军舰受伤情况。几分钟之后得到回音：中了2颗356毫米炮弹，一颗击中2号锅炉舱，一颗击中2号燃油库。

吕特晏斯将军点点头，命令手下立即抢修，他自己赶忙起草电报，向德国海军总部报功：

"英舰'胡德'号被我击沉，'威尔士亲王'号受伤逃跑。现仍有2艘巡洋舰在尾随盯哨。"

"俾斯麦"号占了便宜之后，指挥官心里又喜又惊，喜的是"俾斯麦"号战列舰不愧是德国王牌军舰，经得起打击，而且性能很好，火炮精良，几个回合就把"胡德"号敲掉了。但是，吕特晏斯马上眉头紧皱，他预料英国人不会善罢甘休，一定会动用最精锐的海上之师，来找"俾斯麦"号算账。在整体力量对比上德国的确不如英国，特别是德国没有航空母舰，空中没有保护伞，眼下惟一的办法，是赶紧逃到一个安全地方躲一阵再说。

可是哪里是安全地域呢？吕特晏斯想到两条：第一要逃到潜艇封锁线的背后

去，英舰队来追击，会有水下潜艇抵挡一阵子；第二逃到德国陆上机场能保护的海域。他从海图上看了一阵子，最后决定朝圣纳泽尔方向航行。

7时30分，"俾斯麦"速度减至28节，恰好遇到海上风暴，海面上卷起的海天白浪，时而把战舰埋进浪谷，时而把它推向浪峰。经过几个小时折腾之后，机电部门向吕特晏斯报告：由于遭遇暴风雨，按现在的速度，恐怕到圣纳泽尔的油料不够，被打坏的2号燃油库的大洞，没有办法堵住了。

吕特晏斯一听，感到情况不妙。他想如果减速就甩不掉英舰的追踪，若继续以现在的速度航行又到不了圣纳泽尔港。他看了一会海图，决定改变航向，朝布勒斯特港而去，他认为去那里要比去圣纳泽尔港近120海里。

英国皇家海军铁了心，付出再大的代价也要围歼"俾斯麦"号。丘吉尔含着雪茄烟，日夜守在最高指挥部，几乎每一个小时他都要海军作战指挥部向他报告一次情况。2艘尾随的巡洋舰不断报来"俾斯麦"号的行踪，英国海上几支舰队拉开了一张巨网，从四面八方朝"俾斯麦"号围拢过来。

托维坐镇"乔治五世亲王"号，从东北方向，朝"俾斯麦"号追击，大约离德舰队150海里，他率领的舰队有一艘战列巡洋舰、一艘"胜利"号航空母舰、4艘轻巡洋舰，还有10艘驱逐舰。

在"俾斯麦"号独自东进的时候，托维海军上将连续收到了"诺福克"号和"萨福克"号拍来的报告。一张巨网在收缩。

"俾斯麦"号的东面也有一支英舰队，它以一艘战列舰为主；北面有一支舰队，由3艘巡洋舰组成；南面也有一支舰队，由2艘巡洋舰、2艘战列舰组成；西面还有一艘战列舰。此外还有一支强大的舰队，它以"皇家方舟"号航母为核心，由数艘战列舰、巡洋舰和驱逐舰组成，也奉命从直布罗陀北上。当时，实际上已经形成了包围圈，"俾斯麦"号无论朝哪个方向逃窜，都难逃英舰队的攻击。

为了使德舰减速，让它进入英舰大炮的射程，托维命令几艘巡洋舰掩护"胜利"号加速先行。

▲ "欧根亲王"号德国巡洋舰，它的主炮正对着波涛汹涌的大海。

▲ 从"胜利"号上起飞的英国飞机，画面远端的是新型战舰"乔治五世亲王"号。

　　22时10分，"胜利"号距"俾斯麦"号大约120海里。这一海域日照时间长，视线很好。"胜利"号舰长命令几架飞机出击。

　　"胜利"号转向迎风行驶，在几架管鼻燕式战斗机的掩护下，9架箭鱼式鱼雷攻击机顶着疾风冒雨起飞。

　　23时27分，机群透过云层，终于发现了"俾斯麦"号。英机试图穿过云层直冲下来，但翻滚的阴云忽开忽合，笼罩着"俾斯麦"号。英机几次进入，又拉了出来。

　　经过几分钟的试探，英机群冒着敌舰的炮火，降低高度，冲进火网，在离目标只有半海里时，投下了鱼雷。这2架飞机投雷时被敌舰的炮弹命中，坠海身亡。但是另一架箭鱼式鱼雷攻击机，又独自向"俾斯麦"号右舷方向发起攻击，2枚鱼雷朝向黑乎乎的庞然大物，在波涛中一跃一伏的前进，突然轰隆一声巨响，一枚鱼雷命中"俾斯麦"右舷腰部。

天渐渐黑了，英机群已经无法实施攻击，只好返航回到"胜利"号航母上。

对一般战舰来说，只要中了一枚鱼雷，情况就会很糟。可是"俾斯麦"号王牌战列舰，防护装甲力惊人，其舷外有防鱼雷装置，因此，一枚鱼雷在其右舷腰部爆炸后只是伤其皮毛，撕破一点皮。

不过，吕特晏斯还是感到处境不妙。箭鱼式的攻击表明，托维的本土舰队就在附近水域，而"俾斯麦"号燃油短缺，又受到创伤，不能高速行驶。只要甩掉敌舰，就什么都好办了。

突然，他想起自从击沉"胡德"号后，"俾斯麦"号就收到了"诺福克"号和"萨福克"号的雷达回波。由于他们害怕遭到潜艇伏击，走的是Z字航线。当它们处在Z字的两端时，"俾斯麦"号上的雷达回波就消失了，何不用这种方法对付英舰呢！

25日3时6分，雷达屏幕上只出现了"萨福克"号的回波。"萨福克"号刚驶到转折点，吕特晏斯突然下令右舵，让"俾斯麦"号也走Z字航线，然后向东航行。

"萨福克"号和"诺福克"号的雷达荧光屏上突然一片空白。舰长们慌忙向托维报告。托维具有丰富的航海经验，他判断德舰可能突然改变航向，造成雷达跟踪不上。于是，他命令各部队全力搜索，力求尽快重新捕捉到"俾斯麦"号。

其实，"萨福克"号和"诺福克"号右舵，离开原航线，向西南搜索，结果和"俾斯麦"号背道而驰。托维也率舰一直向南追赶，到8时，"乔治五世亲王"号向南行进了100海里，但仍不见敌舰踪影。

26日上午10时，一架英国远程轰炸机发来电讯，"俾斯麦"号正向布勒斯特港疾驶。不幸的是，这架跟踪的轰炸机，被"俾斯麦"号防空炮火击落，跟踪再度中断。但英国统帅部已经判明"俾斯麦"号在逃的方向，时间已经不多，德舰再前进600公里，就进入德国机群保护图。英军必须在有限时间内追上敌舰，将其击沉在德机作战半径之外，这样制空权才能掌握在英国舰队的手中。英统帅部下了死命令，一定要斩断敌舰逃路，不惜代价歼灭"俾斯麦"号。

这时，"皇家方舟"号航母离"俾斯麦"号的距离最近，它高速追赶，几架鱼雷攻击机起飞，很快找到了那条油污的航迹，发现了"俾斯麦"号。此时德舰还未进入德机群保护圈，它全速前进，妄图逃进保护圈。英一艘巡洋舰逼近"俾斯麦"号，并不断向统帅部报告方位。

傍晚7时，15架箭鱼式鱼雷攻击机从"皇家方舟"号上起飞，从不同方向，攻击"俾斯麦"号，试图阻挡它的航路减慢它的航速。

英军飞机与"俾斯麦"号的战斗打响了。箭鱼式攻击机钻出云层，冒着炽烈的炮火，从两舷同时猛攻。

"俾斯麦"号上炮声震耳欲聋。小口径机关炮、104毫米高炮劈劈啪啪。战列舰忽左忽右，规避着英机投下的一条条鱼雷。

吕特晏斯站在舰桥内，观看炮手和英机较量。在"俾斯麦"号右舷前方半海里处，一架飞机中弹起火，一架负伤逃跑，另外两架钻进了云层，在高空盘旋。当它们穿云而下，再次冲向巨舰时，结果又遭到炮手迎头痛击，一架转向飞走，一架抱着浓烟坠海。

飞机从空中消失了，炮手也停止了射击。忽然，吕特晏斯又听到了轰鸣声，几架飞机一拥而上，勇猛地逼近了"俾斯麦"号。

吕特晏斯见状，急令"俾斯麦"号大转弯，但为时已晚，一枚鱼雷击中舰尾。

"俾斯麦"号舰体剧烈震动了一下，紧接着，战舰像迷途的羔羊，偏离了原航向。半小时后，机电部门长报告了伤势：左螺旋桨被炸坏，碎片卡住了舵机，舵舱大进水。

这一枚鱼雷给了"俾斯麦"号致命的一击。这使它操纵方向失灵，完全失去航速。

夜间的轮番袭击开始了，成千上万的炮弹，从四面八方飞向德舰。英国战列舰，用大型穿甲弹靠近德舰射击，想要在其水线下的舰体上钻眼，以加速它的沉没。而驱逐舰则冲到它的跟前施放鱼雷，以迫使其停止射击而投降。

此时，"俾斯麦"号离布勒斯特港只有640公里，它只要向前航行200公里，就能逃脱致命的打击，但此时它已经无能为力。吕特晏斯失去了逃往法国海岸的一切希望。当夜，他以"莱茵演习"舰队司令的名义，向柏林拍发了诀别电：我舰无法操纵，已被"声望"号诸舰包围……我们将战至最后一弹。

德国统帅部对此感到万分惊慌，紧急调动潜艇和远程轰炸机前去援救，然而距离太远，难解燃眉之急。"俾斯麦"号终于要受到上帝的惩罚了，它覆灭的日子已经不远。

27日，天刚大亮，最后围歼"俾斯麦"号的战斗就打响了。英国2艘战列舰用巨炮射击，炮声震天动海，好像要撕裂天空，震碎海底。"俾斯麦"号仍垂死挣扎，尽管舰上主炮仍在顽抗射击，但此时英方舰队已占绝对优势。

炮战半小时之后，"俾斯麦"号上主炮终于变哑，从舰尾到舰首，从甲板到驾驶台，百孔千疮，浓烟滚滚，整个舰体开始向左倾斜。

吕特晏斯和林德曼伫立在舰桥内，两人眼窝深凹，神情沮丧，对全速追来的英国舰队，一筹莫展。但他们仍要求官兵们顽强抵抗，部分炮火还击。

突然，英一艘驱逐舰冲到"俾斯麦"号的翘首底下，在炮火的死区朝它施放鱼雷，并把所有炮弹倾泻到"俾斯麦"号的舰翘上。

10时15分，"俾斯麦"号舰上的大炮全部变哑，舰桅断落，大火浓烟吞噬着舰体。

10时25分，"多塞特郡"号巡洋舰从东驶来，朝它的右舷连射了2枚鱼雷，然后绕到左舷，再射了一条鱼雷。主甲板上，数百名舰员四处逃窜，纷纷跳海。"俾斯麦"号开始下沉。

10时40分，超级战列舰"俾斯麦"号一个鲤鱼翻身，希特勒的"王牌"军舰终于卷入了北大西洋冰冷的波涛。

6月1日深夜，"欧根亲王"号重巡洋舰在海上晃荡了几天之后，提心吊胆地驶进了布勒斯特。"莱茵演习"最后以纳粹惨败而告终。

第6章

CHAPTER SIX

美洲海岸起狼烟

这骇人听闻的消息，确实令人震惊。而丘吉尔的内心却感到"分外高兴"。是日本人的进攻帮了他的大忙，使美国人终于站到了他们的一边，使罗斯福总统投进了他的怀抱。希特勒狠狠地将拳头砸在桌子上，咆哮着嚷道："这群日本猴子连招呼也不打，就在美国屁股上捅了一刀。这下子，我们不得不和美国开战了。"邓尼茨的目光越过地球仪上那片蔚蓝色的大西洋，瞄向了遥远的美洲海岸。在他的内心里早已认定美国迟早会成为德国的劲敌。

☆ 美德两国宣布开战

1941 年 12 月 7 日晚间，天空阴沉漆黑，给人一种不祥的征兆。

在首相别墅，丘吉尔同美国大使怀南特和艾夫里尔·哈里曼在一起用膳。他们不停地碰杯，漫无边际地聊天。

9 点钟的晚间新闻节目开始后不久，丘吉尔就习惯性地拧开了他的无线电小收音机。广播里正播送着关于俄国前线和在利比亚的英国前线战事的消息，在这之后有简短的几句话说到日本人在夏威夷袭击了美国船只，以及在荷属东印度袭击了英国船只。

接着发布一项声明，说是在新闻节目结束后将有重要评论，然后将开始听众问答解答节目等等，一切都很习以为常。

正因为一切都如同平常，丘吉尔对广播中的新闻没有留下任何更深的印象。倒是艾夫里尔提醒了他，艾夫里尔说，日本人袭击美国人好像不是一件简单的事。因此他们不顾疲劳，都坐着不睡，等待着更确切的消息。

这时，得到可靠消息的厨师索耶斯走进房间报告说：“情况完全属实。我们在外面亲自听到了这个消息，日本人已经袭击美国人了。”

大家都保持沉默，房间里一片寂静。

由于在 11 月 11 日伦敦市长官邸的午餐会上，丘吉尔曾经说过，如果日本人进攻美国，英国绝不袖手旁观，我们将在一小时内向日宣战。因此，丘吉尔要立即行动，他从桌旁站起，走过客厅来到办公室，他要求接通美国总统的电话。

那位大使跟随丘吉尔进来，他以为丘吉尔会采取某种不可挽回的行动，就悄悄对丘吉尔说：“你不认为最好先证实一下吗？”

THE BATTLE OF THE

ATLANTIC 二战经典战役全记录
魂归大西洋

▲ 1941 年 12 月 7 日，日军偷袭了位于夏威夷珍珠港内的美军太平洋舰队。

几分钟后，罗斯福总统的电话接通了。

"总统先生，这件关于日本的事是怎么一回事？"丘吉尔迫不及待地问。

"十分确定"。罗斯福回答说。"日本人在珍珠港向我们进攻了。现在，我们大家都被一根绳子拴在一起了。"

听到这骇人听闻的消息，确实令人震惊。而丘吉尔的内心里却感到"分外高兴"。是日本人的进攻帮了他的大忙，使美国人终于站到了我们的一边，使罗斯福总统投进了他的怀抱。

但是丘吉尔还是保持镇静，安慰总统说："这样反而使问题简单化了，愿上帝保佑你。"

柏林，德国纳粹党总部。希特勒背着手，阴沉着脸在厅内不停地走动着。

在过去两年里，希特勒一直小心翼翼地避免与美国对抗。他坚信，美国整个国家都受"犹太集团"控制，这个集团不但统治着华盛顿，而且还控制着报纸、电台和电影。于是，在罗斯福不断增加对英国的援助面前，希特勒只好竭力控制自己。他虽然鄙视美国人，但的确承认他们的工业力量。因此，他便极力使他们保持中立，直到他做好了适当地对付他们的准备时为止。

虽然战争物资源源不断地运往英伦三岛，但希特勒为了避免意外，便禁止攻击美国海军舰只和商船。他下令："只有在美国船只首先开第一炮的情况下方可使用武器。"但是，罗斯福对"巴巴罗萨"作出的急速反应却有可能使希特勒的耐心终结。

在希特勒进攻俄国的第二天，美国总统授权代理国务卿塞姆纳尔·威尔斯发表一项声明。声明宣称，即使意味着要给另一个极权国家提供援助，也必须阻止希特勒。关于如何做到这点，罗斯福虽然说得含糊，但他很快便把它澄清了。首先，他将冻结的约4,000万美元的苏联资产解冻，然后宣布《中立法案》的规定不适用于苏联。这样，港口符拉迪沃斯托克便可向美国船只开放了。

罗斯福开始积极干预欧洲战场。据透露，美国武装力量已抵冰岛，以便最终代替占领该战略要地的英军。德国驻华盛顿临时代办汉斯·托姆森致电威廉大使说，这是罗斯福的进一步的企图，目的在于通过某种海军事件，惹起希特勒进攻美国，以便向德国宣战。

这些报告使希特勒不安。7月中旬，希特勒向日本驻德国大使大岛提出一项建议，将其先前的决定，即将日本的任务局限在抵抗英国、使美国中立的范围内，来了个彻底改变。"美国和英国永远是我们的敌人"，他说。"这种认识应该是我们的外交政策的基础。"这是在经过长时间的慎重思考得出的神圣信念。"英美两国将永远反对任何一个在他们看来已被孤立的国家。今天，只有两个国家的利益不会互相矛盾。这两个国家就是德国和日本。罗斯福统治下的美国，一心想搞帝国主义，对欧洲和亚洲的生存空间交替施加压力。这不是显而易见的吗？所以，我的意见是，我们必须共同将它们消灭。作为诱饵，他建议由日本去协助"清理"战败后的苏联的"资产"，并占领其远东部分的领土。

东京收到这一建议后，表现得既客气又有保留。日本早已决定不从东面进攻俄国，而是南下印度支那。他们这样做了，它很快占领了印度支那，使罗斯福于7月26日作出了迅速反应。总统接受了哈罗德·伊克斯等人的劝告（他们长期以来就敦促总统对所有侵略要采取强有力的行动），下令将日本在美国的资产冻结。

这个行动剥夺了日本石油的主要来源。《纽约时报》认为，这个行动"是除战争外最激烈的打击"。在日本领导人看来，这是美国、英国、中国和荷兰四国包围日本的最后一个步骤；否认了日本是亚洲的领袖的合法地位，同时也是对它的生存的一个挑战。

一个月后，罗斯福与丘吉尔在纽芬兰外海会晤，签订大西洋宪章——这是英美两国关于战争目标的联合声明。这样，罗斯福便走得更远了。从声明的条款看，毫无疑问，罗斯福是希特勒的不可调和的敌人。

9月11日，罗斯福在发表的广播讲话中说：

"从此以后，如果德国或意大利的舰只敢于进入这些水域（即冰岛和受美国保护的其他类似的岛屿），他们便会遇到危险。"

虽然这是希特勒借以解除潜艇战最后限制的现成口实，但他却不会因此而失去民心。他命令海军上将雷德尔："在10月中旬以前，避免在战争中造成商船事件。到那时，对俄战争已经结束了。"

10月31日，美国驱逐舰"卢木·詹姆士"号在为商船队护航时，在冰岛以西约1,000公里的海面上被鱼雷击中。这样，希特勒避免事端的希望破灭了，但他仍想避免一场战争。不管怎么说，他还是害怕富兰克林·罗斯福和美国的工业力量的。几天后，希特勒在慕尼黑发表讲话。它实际上是为"卢本·詹姆士"号的沉没开脱。"罗斯福总统已向他的舰只下令，看到德国舰只就开火！我已向德国舰只下令，不要看见美国船只就开火。不过，若遭攻击，就必须自卫。"

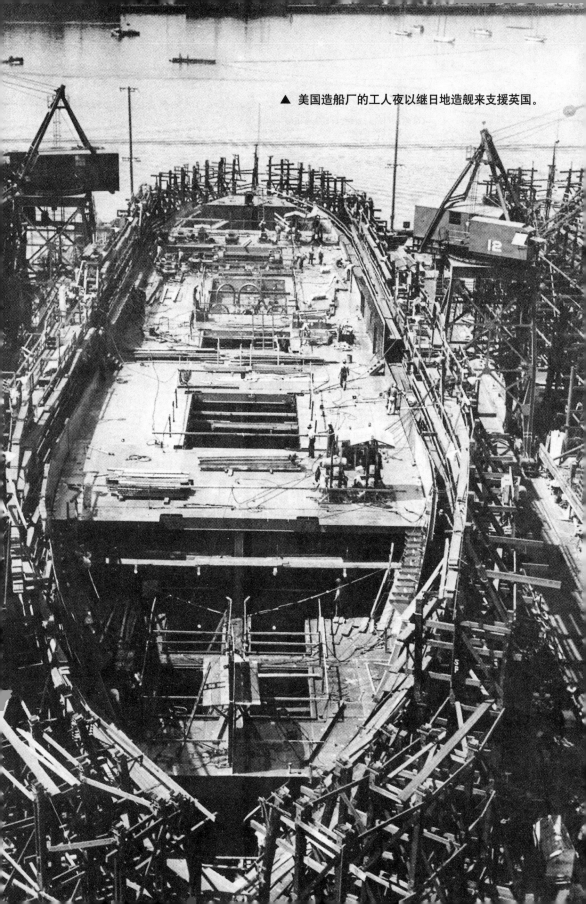

▲ 美国造船厂的工人夜以继日地造舰来支援英国。

实际上，希特勒也十分清楚，美国参战是大势所趋，但他不想过早让美国参战。没想到，现在日本人已经向美国开刀了。

希特勒狠狠地将拳头砸在桌子上，咆哮着嚷道："这群日本猴子连招呼也不打，就在美国屁股上捅了一刀。这下子，我们不得不和美国开战了。"

12月11日，美国和德国几乎同时宣布：两国进入交战状态。

☆ 选择新的"幸运之海"

法国洛里昂。德国海军潜艇部队指挥部。

邓尼茨坐在宽大的办公桌前，正仔细地认真地看着一份由雷德尔海军元帅签署的电报，电文是："日本盟国对美国宣战，元首命令取消所有限制潜艇打击美国和泛美安全区内舰船的决定。"

看完电报后，邓尼茨长长地叹了一口气。

德国潜艇部队在大西洋进行潜艇战已经一年多了，尽管由于希特勒战前忽视潜艇部队的建设，德国潜艇部队的能战潜艇数量大大低于邓尼茨的期望值，但是邓尼茨采取了灵活机动的潜艇战法，还是给英国的大西洋运输线造成了严重的破坏，这是邓尼茨感到欣慰的得意之举。令他感到不安的是，由于英国在大西洋采取了较为严密的护航体制，近几个月来，潜艇战战绩持续下降，邓尼茨意识到该是必须选择新的"幸运之海"的时候了。

邓尼茨的目光越过地球仪上那片蔚蓝色的大西洋，瞄向了遥远的美洲海岸。在他的内心里早已认定美国迟早会成为德国的劲敌。德国与美国远隔重洋，一旦战争爆发，能够立即用于对美国作战的兵力，只能是德国海军的潜艇部队。

邓尼茨的思绪又飘回到9月17日与元首希特勒谈话的情景。在那次不寻常的

▲ 邓尼茨在法国洛里昂潜艇司令部召开作战会议。

谈话中，元首一再强调避免与美国发生任何意外事件。尽管邓尼茨一再申述，如果一旦与美开战，将会给大西洋的潜艇攻势带来不利的结果，请求尽早部署潜艇兵力，以便战争爆发时，德国潜艇可以立即出现在美国沿岸海域。他认为只有这样才能充分利用"击鼓"战的优势，以袭击敌防御薄弱的海区。遗憾的是，元首对这一切充耳不闻，断然拒绝了邓尼茨的请求。邓尼茨一想到这些，就不免从内心里感到一种无奈和悲哀。作为帝国海军军官，他必须无条件服从元首的命令，但作为一名"杰出"的将领，他却为那位昔日"普鲁士下士"的粗暴武断而感到愤愤不平。

　　日本对美国宣战早在邓尼茨意料之内，但宣战的时间这么突然却仍令邓尼茨惊讶不已，此时他的潜艇兵力尚在北大西洋活动，在美国海域连一艘潜艇也没有。

　　邓尼茨闭目沉思了一会儿，很快镇定下来。他让副官立即通知潜艇指挥部成员

THE BATTLE OF THE

ATLANTIC　二战经典战役全记录
魂归大西洋

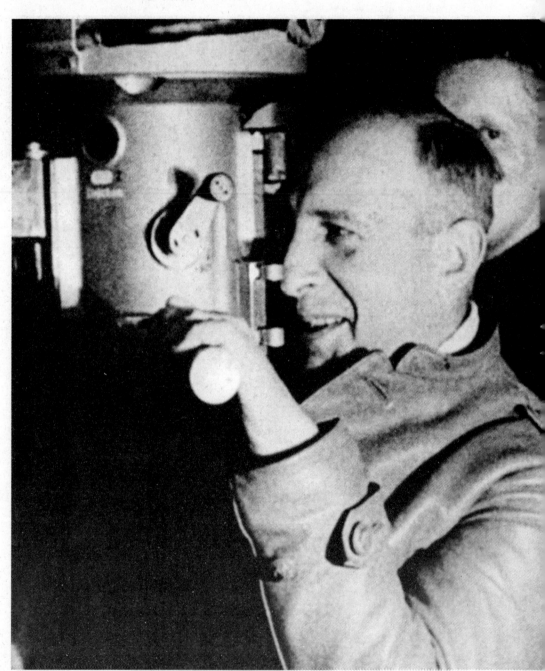

▲ 德国潜艇指挥官在用潜望镜跟踪海面美国商船队。

召开作战会议。

军官们很快来到作战室。他们对美国向英国提供反潜驱逐舰和提供"中立法保护"早已恨之入骨，一直盼望有一天能让美国人吃吃潜艇战的苦头。

一位中校参谋说："美国人一直散漫惯了，他们的商船都是单独航行，不像英国人那样有组织、有计划组成护航运输队航行。或许美国有一天会从英国人那里学点反潜经验，但它们的反潜配置不会太强，应该下决心捞他一把。"

另一位参谋说："有利的条件不会长久，如果我们不立即行动，美国人的反潜措施会日臻完善和有效，不久的将来，那些单独航行的商船必然会被护航运输队所取代。"

邓尼茨总结道："禁止在美国海域进行潜艇战的规定被取消以后，给帝国海军的潜艇战带来了有利的作战条件。在那些已被划分为作战区的辽阔海域，无数不同的航运汇集点将成为我们任意攻击的新目标。这样，我们就可以以迅雷不及掩耳之势把攻击的重点从一个点移到另一个点，迫使美国人不得不在我们面前东堵西挡，疲于奔命。或许有人会问，把我们的潜艇派到遥远的海区和航运汇集点去，是否上算？能否保持持久的攻击力？我要告诉他们，潜艇战的原则就是以尽可能少的兵力、击沉尽可能多的敌舰船。哪里有战机，我们的潜艇就到哪里去。美国沿岸海区，将是帝国海军潜艇有待开发的'处女地'，虽则需要我们的潜艇长途跋涉，但也在所不惜。无论如何，必须在情况发生转变之前尽快地充分利用目前的有利条件，先下手为强"。

会后，邓尼茨向柏林海军司令部建议，立即派遣12艘潜艇到美国沿海去作战。没想到，雷德尔海军元帅以元首更加关注地中海战局为由，拒绝了邓尼茨的建议。

为了达到使用12艘潜艇的目的，邓尼茨又采取折衷的办法，建议将已配置在直布罗陀海峡以西海区的6艘IXC型大型潜艇（740吨）调往美国沿海。为引起德国海军总司令雷德尔元帅的重视，邓尼茨在建议报告上写道：

"这些潜艇特别不适宜在直布罗陀海峡和地中海作战，它们比Ⅶ型潜艇更容易被敌发现，而且装备更为复杂，经受不起深水炸弹的攻击，很难控制下潜深度。这种潜艇的主要优点是燃料储存量大，作战半径大，但在地中海和直布罗陀海峡反而无用武之地。与大洋上的其他海区相比，这些潜艇在直布罗陀海峡成功的希望是渺茫的。"

然而，邓尼茨的建议仍没有得到同意。刻板的雷德尔元帅，不愿意削弱地中海潜艇兵力，生怕引起希特勒可能的哪怕是一点点不快。他命令邓尼茨只能用6艘潜艇在美国沿海实施首次袭击，而且只有5艘潜艇可进行第一次"击鼓"战。

为隐蔽作战企图，邓尼茨决定，将首批潜艇的攻击区选择在圣劳伦斯河和哈特勒斯角之间。邓尼茨还命令担负袭击任务的艇长们，从比斯开湾向美国东海岸航行时要尽量隐蔽，途中只能攻击真正有价值的目标，即万吨以上的商船。

12月16日至25日，德国的5艘潜艇告别了比斯开湾，怀着邓尼茨对他们从未有过的信赖和希望，充满着战斗激情，向着遥远的"处女海"，缓缓地驶去……

1942年1月13日夜，邓尼茨的5艘潜艇安全进入美国东部沿海。艇长们从潜望镜看去，美国东部沿海几乎是一片和平景象。迟钝的美国人尚未从日本人的袭击中完全清醒过来，更料不到德国的潜水艇已经像久久没有觅到食物的饿狼一般闯入了羊圈里。

大西洋沿岸的灯火仍通宵达旦，城镇里霓虹灯闪烁着耀眼的光芒，用于航海的信号灯、灯塔和灯标的光芒虽然有所减弱，但仍照亮了进出港湾的航道。商船在惯常的航道上毫无节制地亮灯航行，船长们在用无线电开着无聊的玩笑，偶尔自报船位……这一切，令德国艇长们不禁大喜过望，看来，美国人尚未采取严密的反潜措施。对于这些吃过英国人反潜战苦头的德国艇长们来说，这真是天赐良机，可以毫无顾忌地放手大干一番了。

白天，德国潜艇在距离商船航道几海里处下潜到50～150米的深度。黄昏时，它们又将潜艇抵近海岸，乘黑夜上浮到水面，在川流不息的商船之间穿梭往返进行袭击。

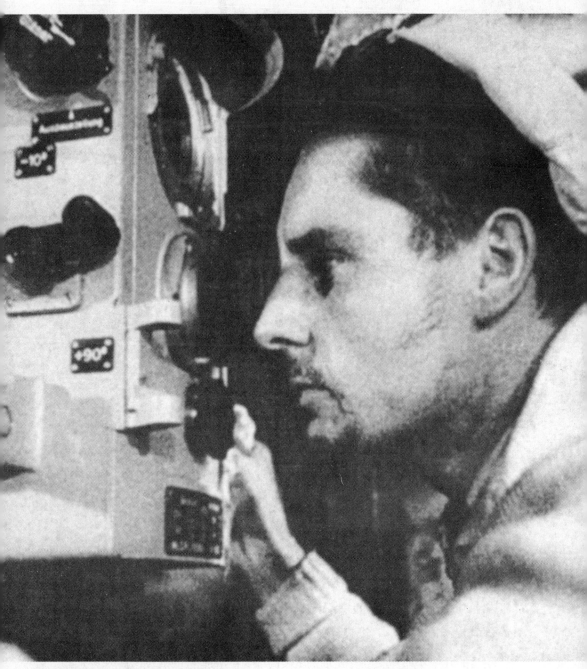

▲ 德国潜艇兵在用潜望镜观察海面情况。

▲ 一艘商船被击中后冒起滚滚浓烟，渐渐下沉。

　　1月18日夜，天空阴云密布，空气显得有点沉闷，海面上弥漫着刺鼻的海腥味。北卡罗来纳州的哈特勒斯角附近，商船仍像往常一样，在航道上穿梭往来。

　　突然，在航道外侧不远处，海面下缓缓地跃出一个黑色的怪物，隐隐可见上面涂着"U－123"的标记。这是一艘由哈德尔根上尉率领的德国潜艇，它正像幽灵一般，在黑色的海面上，悄然窥视着猎物。

　　不久，哈德尔根艇长从望远镜里看到一艘悬挂美国国旗的万吨级货轮，亮着灯慢慢地移来，他当即指挥潜艇悄悄地迎了过去。艇首吐出一枚鱼雷，像利箭般扑向货船，顷刻间，随着"轰"的一声巨响，货船渐渐地沉入海底。很快，这里又出现了夜的平静。

　　随后的几个小时里，尽管先后有3艘商船，在潜艇的鱼雷攻击距离外通过，后面不过只跟着1艘小小的岸防巡逻艇，但哈德尔根觉得目标吨位太小，不值得用宝贵的鱼雷去攻击。他在寻找更有价值的目标。

接着，他发现进出港湾的商船航道都用灯光浮标作了明显的标记，所有商船都在浮标左侧行驶。发现这一秘密，真令哈德尔根高兴不已。机不可失，他的潜艇沿着浮标线前进，进入了商船的锚地。立刻，他发现了更多的目标。哈德尔根感到美国船只就像一群束缚在羊圈中的无助的羔羊，可以随意宰割，这远远超过了他最丰富的想像力。

哈德尔根简直忙不过来了，他又击沉了一艘货船。当他看到有5艘商船灯火辉煌，正排成一列从后面开来，领头的是一艘8,000吨的油船。他立即命令艇员，用甲板上的火炮向油船射击。猛烈的炮弹击中目标，引起了冲天大火，火光辉映下的德国潜艇，更显得狰狞万分。哈德尔根又用鱼雷击沉了另外几艘货船。

当U－123潜艇撤离这一海区后，只留下一片爆炸声与哭嚎声以及血与火交织的地狱般惨烈的世界……

哈德尔根在发给邓尼茨告捷的电报中兴高采烈地说：

"太遗憾了！要是有2艘大型布雷潜艇把水雷全部布下就好了。或者除我之外，还有10艘、20艘潜艇，那该多棒啊！我敢保证，每艘潜艇都有肉吃。我总共看到约20艘货船和几艘较小的货轮，大都没有灯火管制，它们全都贴着海岸航行。这一带的浮标和航标灯光暗淡，但在3～5公里的距离上完全可以看得到。"

与此同时，邓尼茨的潜艇中队指挥部又收到了在美国东海岸其他海域活动的潜艇艇长们告捷的电报。

邓尼茨的脸上露出了欣喜的微笑。他让副官去操办酒席，庆贺胜利。接连的几天里，指挥部内洋溢着喜庆的气氛。军官们的心情也像壁炉内燃烧的火苗，在不断地升温。邓尼茨的内心里深为他的艇长们骄傲的战绩感到自豪，但他也深知，这一切与美国人的轻敌是分不开的，上帝不会总是偏袒德国人。

他不无遗憾地在战争日志中写道：

"从艇长们的报告中可以清楚地看出，如果此次作战可供使用的潜艇不是6艘，而是需要的12艘的话，那么'击鼓'战中潜艇的威力就将更强大。虽然我们抓住了这一千载难逢的好机会，并取得了令人鼓舞的战果，但这次所失去的东西，我们却再也捞不回来了。"

　　正如邓尼茨所预料的那样，派往加拿大沿海新斯科舍半岛——纽芬兰海区作战的VIIC（517吨）潜艇，却遇到了前所未有的困难。邓尼茨在使用潜艇兵力方面是十分审慎的，他对VIIC潜艇的作战能力曾进行了精细的计算。认为活动半径较小的这种中型潜艇，其续航力不足以维系离美国东海岸更远的南部和西部海区的作战行动，但适宜于在新斯科舍半岛附近的航运区作战，而且剩余的燃料足够它在那里停留较长时间，甚至可在必要时采用高航速作战。

　　天公不作美。新斯科舍半岛——纽芬兰海区的天气异常恶劣，雾、大雪、风浪和寒冷严重影响了潜艇的作战活动，致使鱼雷难以命中目标甚至操作失灵，一位德国潜艇艇长在战后的回忆录中生动地叙述了在布雷斯顿角以东15海里处袭击商船的情景：

　　1942年1月18日0时30分，我艇调整航行后重新机动前进。敌商船可能已发现我将对其攻击，立即用中速航行。而我在竭力与其保持平行的同时，只能慢速航行。冰冷的海水拍打着艇舷，甲板上结满厚厚的坚冰。我打算从较远的距离发射鱼雷……"方位80，航速15节，距离1,500米，发射！"虽然距离敌商船较远，而且又有黑夜的掩护，但商船还是发现了我们，并立即后撤。结果，鱼雷与商船擦肩而过。当我正准备向右转向，用艇尾鱼雷攻击商船时，斜向300米处一艘美国驱逐舰快速向我艇冲来，待我使出吃奶的劲儿把船转过来，驱逐舰距我已近在咫尺，我艇紧急下潜！由于柴油机气压阀门冻结，使多达8吨海水进入舱内，潜艇只好静坐海底。尽管坐在岩石上很不舒服，但只能如此。总比坐在"火

▲ 一艘油轮被 U 艇击中后，浓烟冲天。

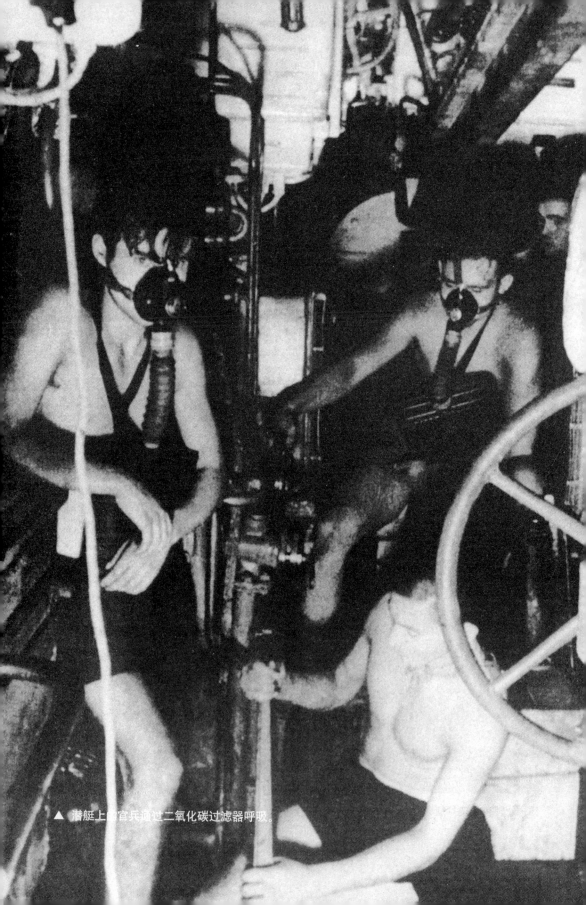

▲ 潜艇上的官兵通过二氧化碳过滤器呼吸。

山"上要强。敌驱逐舰也没有对我攻击，估计因冰冻使他们的深水炸弹投放装置失效。这种"猫捉老鼠"的游戏，至今想起来，仍让人后怕。

鉴于新斯科舍半岛——纽芬兰海区的潜艇战效果不佳，邓尼茨将其他满载燃料的中型潜艇从比斯开湾派往哈利法克斯以南海域。这些潜艇沿美国东海岸一路扫荡下去，一直推进到纽约和哈特腊斯角附近海域。

德国人总是千方百计地延长潜艇的活动半径。中型潜艇在以往对付英国护航运输队作战时，需要经常保持高速运动。因而，那时节省燃料并非它们的行动准则。但现在在美国海域作战就不得不考虑燃料问题给潜艇远洋作战带来的影响。邓尼茨的艇长们纷纷拿出了自己的看家本领，因为遥远的美国海区让他们神往，他们迫切需要到那里去。

在大洋上航行时，机电长们试用各种方法，按各种速度，以尽一切可能节省燃料，就是一点一滴也好。当顶着西袭的风暴航行时，艇长命令下潜，潜艇在水中不仅没有减速，反而节省了燃料。艇员们也想尽办法，依靠自己克服困难。德国潜艇的舱室在正常情况下就比其他国家的潜艇拥挤。如今，艇员们放弃仅有的一点"舒适"空间，把舱室装得满满的，就连床铺也堆满食品箱，部分淡水柜也装满了燃料。从艇首舱至艇尾舱，到处都拥挤不堪，连个坐的地方也没有，艇员只能在狭缝中生存。艇员们一个个蓬头垢面、胡子老长，加上沾满油污的制服，活脱脱一群海上"难民"的景象。

德国潜艇在美国东海岸仍然疯狂地施虐着，潜艇艇长们的胆子越来越大，他们已不满足于夜晚的攻击，即使是白天，他们也敢攻击商船，甚至披着阳光在水面状态进行攻击。

偶尔，德国人对被击沉商船的受害者们也表现出某种"大度"。他们询问被救的海员，船是哪国的、货物的性质等等；有时还给海员饮食和烟卷，但放他们走时总会不免千篇一律地说："要控诉就控告罗斯福或者丘吉尔，让他们赔偿你们的损失！"在这些脱险的海员看来，德国艇员都是些年轻力壮的小伙子，他们的样子不像在作战，好像在游戏。当然与那些遭到德国潜艇机枪扫射的海员们相比，他们算是幸运的了，但这并不表明他们在潜艇上的屈辱地位得到丝毫改变，况且德国人从只言片语中已得到不少有价值的信息。如此说来，得到的毕竟是德国人。

当德国潜艇在美国东海岸大肆进行活动的同时，邓尼茨又把触角伸向了更为遥远的加勒比海。

在邓尼茨看来，加勒比海有两个防御特别薄弱的地方。一个是荷属库拉索岛和阿鲁巴岛附近地区，这两个岛每日出产汽油6,000多万加仑和各种石油产品；另一个是特立尼达岛附近地区，大批从南美北行或去南美的商船均经过此处，全部运输铁矾土的货船也经过此岛航行。于是，他把5艘大型潜艇派往这些地区。德国潜艇在加勒比海击沉了大量的油船。一时间加勒比海成了海员们谈虎色变的死亡之海。尤其是夜晚空气中时常弥漫着滚滚黑烟，海面上漂满了被救生衣上的信号灯照亮的油沫，精疲力竭的人们系着救生带，或坐着摇摇欲坠的小舢板，拼命地在海面那又浓又粘的重油层上痛苦挣扎，同时东划西荡地躲避着熊熊的火焰……

邓尼茨在给希特勒的报告中称：

"我们的潜艇在美国整个大西洋海岸线附近活动，海中游泳的人以及美国沿岸城市的居民都是击沉商船和油船的目击人。敌人用新建的商船很难弥补商船的损失。随着帝国海军潜艇数量的迅速增多，今后更会大有作为。"

☆ 哪里还能寻到一片净土

德国潜艇在美国东海岸的肆意破坏活动极大地刺激了美国国会议员们脆弱的神经。他们意识到美国的海军已非昔日和平的乐园，"狼烟"遍布，哪里还能寻到一片净土。他们眼睛猛然睁大了，痛感自己像亚当和夏娃一样一丝不挂，往昔的一切不过是幻境中的一场游戏，一场梦。于是，这些权贵们纷纷改变初衷，由罗斯福的反对者，转成为拥护发展美国海军，支持对轴心国作战的坚定的"斗士"。迫于国会的压力，罗斯福总统指示海军上将金："狼已闯入我们的家园，应尽快把它们赶出去。"

美国海军上将金身材高瘦，一双褐色的眼睛炯炯有神。他毕生献身海军事业，不知道也不想去过海军以外的生活。他深信凡是对海军有好处的，对美国也一定有好处。他知识渊博，能力非凡，天资聪颖。

在大西洋方向，英国盟友们仍举步维艰，正迫切希望美国人能伸出"救世"之手，早日将不列颠帝国从邓尼茨的"狼群"威胁中解救出来……一边是受到日本严重侵害的美国远东利益，一边是美国传统利益的要害所在——欧洲。但美国有限的兵力不允许将兵力平分用于两个战略方向。

金经过若干个不眠之夜的反复思考，最终给罗斯福总统提交了一份报告：

"……我认为，德国是西半球所有爱好自由国家的、较之日本更为强大和危险的敌人。我国海军的首要任务，应尽快与我们的同盟国一起，在大西洋发起攻势，而在太平洋实行防御。大西洋现在是，将来也必须是我国海军最为关注的海洋……"

为此，金把很大的精力投入了对付德国潜艇的斗争中。为了有效地保卫美国近岸的交通运输线，他进行了一系列不懈的探索。

美国海军东海疆区司令阿道法斯·安德鲁斯，是一位美国海军中声望很高的老资格将军。他是罗斯福总统的老朋友，同时也是海军上将金的老同学。一位职权很大的倔强老头。假如他扣留了某一艘军舰，这艘军舰也就归他管辖，而不再属于大西洋舰队了，只有海军总司令金上将才能将这艘军舰要回去。

在金的授意下，安德鲁斯中将在他的阵区内组织了一次旨在检验驱逐舰防潜巡逻能力的作战行动。

★ 一艘德国潜水艇被澳大利亚反潜机摧毁.

1942年4月1日20时，美国海军东海疆区的2艘驱逐舰"汉布雷顿"号和"埃蒙斯"号由纽约港出发向南航行，在离商船航线1～2海里的两侧海域进行纵向的反潜搜索。

4月2日中午，在距2艘驱逐舰前方数海里处航行的挪威商船，发出了发现2艘潜艇的求援信号。"汉布雷顿"号和"埃蒙斯"号的两位舰长，当即命令加速前进。

舰员们磨拳擦掌，群情振奋，一扫连续航行所带来的疲劳感，枪炮部门的水兵们更是忙碌万分，做好了随时攻潜的作战准备。

不料，当驱逐舰距离商船只有数百码时却遭到了挪威商船的炮击，炮弹不时从驱逐舰上空掠过，有的炮弹则落在舰舷两则的海内，引起了冲天水柱。

驱逐舰的舰长吓了一身冷汗，经过反复无线电呼叫，才结束了这场"闹剧"。原来，挪威商船的船长，早已被德国潜艇搞得风声鹤唳、草木皆兵，错把美国的驱逐舰当成了德国的潜艇。

入夜，驱逐舰发现了2艘形迹可疑的船只，舰长们又以为这是2艘伪装成商船的德国潜艇，好在有了白天的教训，美国海军的驱逐舰不敢轻易开火，待驶近一看，不禁暗暗吃惊，原来这是2艘脱离了主航道航行的同盟国的商船。

不久，"汉布雷顿"号和"埃蒙斯"号驱逐舰又接到一艘美国油船发来的发现德国潜艇的报告，驱逐舰加足马力赶了过去，但也没有发现德国潜艇的踪迹。随后几天的航行中，驱逐舰在温布耳浅滩和卢奥特角地区，又接到一些商船发来的发现潜艇的通报，但经紧张的反潜搜索后，结果却是一无所获。

4月5日凌晨，"汉布雷顿"号和"埃蒙斯"号又收到了"比德韦耳"号商船遭受鱼雷攻击的通报，2艘驱逐舰立刻驶往出事海域，尽管日出前一直在这个地区巡逻，但仍没有和潜艇发生声呐接触……

安德鲁斯很好地总结了这次反潜巡逻行动的经验教训，他在呈送海军上将金的报告中写道：

▲ 一队美国护航舰队在海上沿曲线前进，以避免遭到德军潜水艇的袭击。

"由于我们缺乏保证与潜艇保持声呐接触的科学的搜索方法，当视距良好时，德国潜艇可在驱逐舰和潜艇发生声呐接触时，抢先发现驱逐舰。因而潜艇很容易摆脱驱逐舰的搜索。我们的驱逐舰缺乏对潜搜索的装备，舰员缺少对潜攻击的训练，实践证明使用这些驱逐舰巡逻海区是无用的。"

作为结束语，安德鲁斯中将幽默地引用了一句第一次世界大战时期美国威尔逊总统说过的话："这无异于是农场上起黄蜂。"

如果说，安德鲁斯中将的驱逐舰巡逻试验带给海军上将金的不过是一种失败的经历，那么美国海军组织的检验大西洋的护航运输队却无疑是成功的。这些从正反两个方面留给海军上将金更多的回味与深刻的思索。

1942 年初春，海军中校亨尼曼在给美国海军司令部的报告中说：

"当'HX－183'护航运输队在大西洋上航行时，航运输队内的警戒舰的数量比运输船还要多，而且，为了完成这一重大任务警戒舰中有很多驱逐舰。此外，在航路两端地区，还有飞艇和飞机的掩护。应该说，空中的行动，是很令人满意的。驻在纽芬兰的海军飞机曾帮助我们寻找护航运输队，并把护航运输队的航向、航速、距离和护航区内的能见度通知我们，以便和护航运输队会合。在 4 月 12 日，13 日和14日三天中，横渡于大西洋航线东段上的护航运输队几乎经常有空中掩护。尽管天气恶劣和经常与敌人的潜艇遭遇，但由于护航运输队航速较快，加之警戒兵力强大，没有损失一船一兵……"

华盛顿，美国海军司令部大楼。

在一间宽敞明亮的办公室，海军上将金正在和海军副参谋长理查德·爱德华兹海军少将交谈。

爱德华兹少将曾任美国大西洋潜水部队司令，有着丰富的潜艇作战经验，深得金上将的器重。金把他找来探讨反潜作战问题。

"自从德国对我们宣战以来，德国潜艇不断骚扰我们的海岸，严重破坏了我们

▲ 美军将领在召开军事会议。左一为金海军上将，左二为陆军上将马歇尔。

▲ 一架美军轰炸机向德国潜艇投掷深水炸弹。

的海上航运。依我看，敌人主要是利用了我们海岸防御方面的某些明显弱点来进行攻击的。"爱德华兹坦诚地说。

"哪些弱点呢？"金上将饶有兴趣地问道。

"我认为，我们缺乏反潜斗争实践经验，缺少像英国盟友那样有效的反潜护航体制，缺少可以快速通过危险海区的商船和护航军舰。"

"那么，怎么能够尽快改变这一切呢？"

爱德华兹站了起来，在房间里边踱着步子，边说：

"这个问题，我和海军有关专家们进行过研究，我们认为答案只有一个，就是尽快建立护航体系。此外，与之相适应的措施是，发展快速驱逐舰；改进深水炸弹的攻潜方法，用新的向舰首前方发射深水炸弹的装置来代替普通的投弹器；对沿岸和舰船实行灯火管制；用飞机护航，改进声呐和雷达。使用航空兵袭击德国设在法国的潜艇基地，以及采取或制造有利于获得反潜斗争胜利的其他措施和新的技术兵器。"

金上将认真地听着爱德华兹的回答，不停地点头称赞。最后，他长长地松了口气，心里想，该是行动的时候了！

但是，实行战时灯火管制实在是太困难了。战时灯火管制是一项在战争状态下防止或减少敌破坏可能的必不可少的措施。这在大西洋彼岸的英国几乎不成问题，即使在英国首都伦敦，为了对付德国空军的战略轰炸，也早已实行了城市灯火管制，且得到了伦敦市民的拥护。没想到，在美国东海岸实行战时灯火管制，金却遇到了强大的阻力，执行这项措施更是异乎寻常的艰难。

美国大西洋沿岸的许多地区，是美国人游览观光的风景区。尤其是佛罗里达州的迈阿密海滩，更是达官贵人们的度假胜地。由于美国所处的特殊地理位置，使得美国人长期以来早已习惯于漫不经心地看待美洲大陆以外的世界。隔岸观火，麻木不仁早已成为社会的一种普遍心态。更有甚者，无论是第一次世界大战还是已持续几年的欧洲战争中，美国的军火工业和钢铁工业的老板们更是捞足了腰包。对于他们而言，金钱才是万能的，"大炮一响，黄金万两"。迈阿密四季如春的花草树木，湿润的空气、高档的别墅、迷人的海滩和美丽的女郎，成了富豪们乐此不疲的追逐目标，喧闹热闹的夜晚，更成了他们醉生梦死的天堂。

德国潜艇闯入美国东海岸进行破坏业已3个多月了，但美国东海岸的一切依然如故，当海军上将金一提出在阿特兰提克城到南佛罗里达的整个大西洋沿岸实行国防性灯光管制的时候，到处都发出不满的喊声，说这样做"破坏了游览的黄金季节"。甚至有人向最高法院提出诉讼，要求用法律"制止这种有碍美国商业发展和人权的举措"。

在迈阿密，市政当局迟迟没有采取灯火管制措施。仅仅一个海滨疗养区及其市郊的霓虹灯，就把半径6海里的地区照得如同白昼，清晰地映出了南行的商船。

在金的努力和罗斯福总统的亲自干预下，美国海军东海疆区于4月18日正式公布了在整个美国东海岸实施灯火管制的命令,陆军东海岸防御指挥部负责岸上强制性地实施。从而避免了更大的无谓牺牲。

几个月来的反潜斗争实践使金清楚地看到一个事实:"反潜作战如同捕捞巨大的水母一样,极力想用两只手抓住它是徒劳无益的,如果四面围攻就能获得一定的成果。"而要想有效地对付潜艇,没有航空兵是不行的。

长期以来,美国陆军几乎控制了美国所有的陆基军用飞机,但却从未考虑过执行反潜任务的必要性。美国飞行员们没受过海上飞行、保护航运以及对诸如潜艇之类的小面积目标进行轰炸的训练。

这并不是因为没有远见,而是历史的产物,更是人们囿于历史陈规的必然。美国 1920 年颁布的军事拨款法,规定陆军管制陆空军,海军管制海空军。因而,所有的美国军用陆基飞机,除近程侦察飞机外,都为陆军所控制,而海军得到的只是水上飞机。当英国人的经验业已证明航空兵反潜的重要性时,美国人仍我行我素,德国潜艇却在大西洋沿岸给美国人带来了最惨重的损失。

1942 年 3 月,海军中将安德鲁斯的报告宣称:除驻在诺福克的一个中队"卡塔林纳"式水上飞机以外,美国东海疆区没有其他飞机能够担任近海的经常巡逻和保护商船航运的任务。海军航空兵飞机,大都是一些不大的"OSZU－3型和"SOC－3A"式单发动机飞机,这样的飞机载弹在空中飞行不超过 3 小时。为保障反潜防御,迫切需要四发动机的岸基重型轰炸机。

为此,海军上将金不得不向马歇尔请求支援。马歇尔将军对老朋友的请求大开"绿灯",提供了一切可能的支援,并特别颁布了一项指示,规定"东海岸防御指挥部指派参加海上战斗活动,保护航运和对潜防御的全部陆空军,在作战关系上隶属于美国东海疆区司令海军中将安德鲁斯指挥。"

这样,能够担负美国东海疆区对潜防御的飞机已达300余架,其中海军航空兵的飞机由以往的80余架,增至近100架。海军上将金估计,为了保卫美国东海岸,墨西哥湾和加勒比海,至少需要500架装有雷达的中型和重型轰炸机。他知道,为

▲ 美军轰炸机在空中搜寻德军潜艇。

▲ 几名美国海军军官在舰桥上观察海上情况。

▲ 德军潜艇军官正在下达作战命令。

了胜利地同德国的潜艇进行斗争，需要渊博的学术，丰富的经验，充沛的精神力量和大量的经费开支。他还要学会在战斗中等待。不管怎样，他毕竟已将战争初期的混乱局面扭转过来，他要用飞机和军舰，去对付那些疯狂的潜艇。

一场激烈的空潜战即将拉开帷幕。

1942年3月1日，纽芬兰海域。美国东海疆区、"YP－82"航空中队的威廉·提普尼中尉驾驶一架"洛克希德·赫德逊"式飞机，正在作例行的侦察、巡逻飞行。

不久，在雷斯角附近的海面发现了从水下刚刚冒上来的德国U－156号潜艇。提普尼中尉一面用无线电向上级报告敌情，一面操纵飞机迅速抢占了有利的攻击阵位。

接着，提普尼使用深水炸弹开始攻击德国的潜艇。随着"轰隆隆"的爆炸声，一股股海浪将潜艇掀起，随即潜艇又落入一片浓浓的水雾之中。

提普尼把飞机拉起后，不待德国潜艇有片刻的喘气功夫，又操纵"赫德逊"式飞机再次进入攻击阵位，向潜艇进行猛烈射击。

不料，狡猾的敌人负隅顽抗，潜艇上的德国水兵用甲板的火炮进行抗击。提普尼中尉只听到近距离一声巨响，接着飞机开始剧烈抖动起来。原来，潜艇发射的炮弹击中了"赫德逊"式飞机的一个副油箱，引起了一阵黑色浓烟，呛得提普尼喘不过气来，副翼也无法操纵了。

见此情景，提普尼中尉不敢恋战，慌忙调整飞机姿态，退出了战斗。

提普尼中尉的这番攻击，虽然没有直接命中德国潜艇，但已使德国艇长吓了一身冷汗。正当他暗自庆幸，准备操纵潜艇下潜之时，提普尼中尉的紧急报告和攻潜赢得的宝贵时间终于起了作用。在附近海区巡逻的2架美国海军的飞机几乎同时赶来了。

格林中尉的飞机率先开始攻击。格林大胆地将飞机下滑至距水面约9米高度时，紧靠着德国潜艇艇首投下了深水炸弹。他是一名飞行技能娴熟，大胆而果断的飞行员，用他的话说，这叫做"骑在敌人头上拉屎"。

德国潜艇拼命地回击，密集的弹雨将格林中尉的飞机打得千疮百孔，炮塔被打坏，信号弹舱也燃起了大火，带着硫磺气味的浓烟呛得格林睁不开双眼，他不得不拼命拉起飞机，向着海岸飞去。

格林中尉的勇敢精神激励着罗斯中尉，他驾驶着另一架飞机，又向德国潜艇投下了一串串复仇的炸弹。

德国潜艇艇长这一次是真的害怕了。以往和美国人交手，美国人总是"适可而止"地吓唬一下子就跑了，而这次碰上的天敌却好像不共戴天，一个个玩命儿似的咬住自己不放，全然不顾飞机被击中爆炸的危险，看来再也不能低估美国人的勇敢和力量了。

▲ 一艘德国潜艇被击中后沉没。

然而，一切已难以挽回，罗斯中尉击中了德国潜艇，潜艇已不能下潜，但是仍在抵抗，大有鱼死网破的架势。从开始攻击到此时已经过去了20分钟，罗斯中尉的飞机也受了伤，不得不驾机离开恋恋不舍的"狩猎场"。

战斗中断的一小时以后，梅森上尉驾驶一架"赫德逊"式飞机飞来，看着摇摇欲坠的德国潜艇，他不顾敌人的炮火，准确投下了深水炸弹。对于已受伤的U－156潜艇来说，这是最不堪忍受的致命一击。不久，这条曾在美洲海岸骄纵一时的德国潜艇，带着它的艇员们，带着深深的创痛和无奈，缓缓地沉浸在这片冰冷的海域。

此役，尽管美国东海疆区的海军航空兵也损坏了3架飞机，但毕竟，这是美国海军在美洲海岸第一次击沉德国潜艇。不仅为以后的空潜战提供了宝贵的经验，更重要的是，它大大鼓舞了美国海军反潜战的士气，增强了打击德国潜艇的信心。

第一艘击沉德国潜艇的美国军舰是"罗珀"号驱逐舰。

4月13日夜，当"罗珀"号这艘老式驱逐舰在诺福克海军基地外侧海域，以18节航速进行巡逻警戒时，舰长霍斯少校接到舰上观察部门报告："距我舰2,469米，发现潜艇"，舰长一面命令将舰速加快至20节，一面命令各部门作好攻潜作战准备。

一时间，舰上铃声大振，水兵们飞快地跑上各自的战位，雷达紧紧地套住了潜艇，深水炸弹也作好了发射的准备……

当驱逐舰距目标约700码（640米）时，德国潜艇发射鱼雷进行抗击，只见鱼雷带着与海水碰击所发出的"哩唆"声向驱逐舰逼近，霍斯舰长指挥军舰进行了紧急规避。

好险！鱼雷几乎紧擦着舰舷蹿了过去。

驱逐舰距德国潜艇约274米时，霍斯舰长命令，用探照灯照射目标。顿时，一道令人炫目的光束罩在德国潜艇上，"罗珀"号上的水兵们在探照灯的照射下已能

▲ 美海岸警卫队正救助一名因潜艇被击沉但得以逃生的德国艇员。

非常清楚地看清目标，就连潜艇艇首附近的"U－85"字样也清晰可辨。

说时迟，那时快，"罗珀"号驱逐舰的火炮和机枪一齐向敌潜艇打去，在德国潜艇正准备紧急下潜的时候，一串炮弹击中潜艇打中了潜艇的水线部分。接着，驱逐舰用深水炸弹进行了攻击。

第二天，发现了被击沉的U－85潜艇，海面上漂浮着29具德军死尸。

在以后的多次战斗中，美国海军又先后击沉了数艘德国潜艇。尤为一提的是，击沉德国王牌潜艇U－701潜艇的战斗。

5月20日，U－701号潜艇从法国洛里昂出发，带着邓尼茨的亲笔命令驶向美国东海岸。这是一条500吨级的潜艇、舱内装满了水雷，邓尼茨交给艇长施目贝格上尉的手令，是让他们到美洲海岸布雷。

5月12日，U－701潜艇抵达美洲海岸。按计划，潜艇利用暗夜，在切萨皮克湾入口处布下了由15颗水雷组成的雷阵。

该雷阵严重破坏了进出诺福克港的航运，直到有一艘油船触雷沉没后，美国海军才发现了这一雷阵。一时间，以往运输繁忙的诺福克港被迫中断使用，往来的商船也避而远之。尽管如此，在扫除这一雷阵之前，美国仍有一艘油船、一艘运煤驳船和一艘武装拖网渔船触雷沉没，美国海军的"班希里奇"号驱逐舰和一艘油船触雷受损。

6月16日，U－701潜艇在离卢克奥特角以南15海里处，向一艘向南行驶的商船发射了2枚鱼雷，幸而未击中商船。

紧接着，在随后的四天里，U－701潜艇又成功地避开了一艘海岸警卫队的警戒舰的攻击。由于海岸警卫队的水兵们训练水平很低，缺乏反潜经验，更缺乏反潜作战的坚定的毅力。当警戒舰发现德国潜艇时不是抵近攻击，而是距离很远时，就开始漫无边际地胡乱使用深水炸弹攻潜，致使U－701潜艇得以顺利逃脱了一次惩罚。

6月19日拂晓，诡秘的U－701潜艇又在哈特勒斯角地区悄然上浮，直接靠向毫无戒备的美国海岸警卫队的一艘"YP－389"号巡逻船。

德国潜艇在近距离内，用火炮和机枪进行攻击。巡逻船进行了反击，不幸的是，船上70毫米火炮发生故障不能射击，投下的深水炸弹也因水浅而没有爆炸，巡逻船只能被动挨打，结果，被击沉的巡逻船成了"恶狼"的又一个牺牲品。

在以后的一周内，U－70l潜艇发现了两个护航运输队，德国潜艇用鱼雷攻击了队中的一艘英国油船。护航运输队的警戒舰使用深水炸弹进行了驱赶，潜艇受了轻伤，又一次逃脱了死亡的命运。

6月28日中午，U－70l潜艇又攻击了有2艘海岸警备艇和3架飞机掩护的万吨级"威廉·洛克菲勒"号油船，油船受了重伤。尽管整个反潜警戒舰群和飞机对潜艇进行了反击，但由于缺乏必要的反潜装备，效果很差。就在当日夜里，尝到甜头的U－701潜艇，又悄悄上浮到水面，对飘泊在海面等待救援的"威廉·洛克菲勒"号油船进行了致命攻击，击沉了这艘巨轮。

U－701潜艇像一个幽灵，困扰着这一地区，它又像一只狡猾的恶狼，随时准备乘人不备、扑击无助的"羔羊"。然而，恶有恶报。

7月7日中午，美国海军航空兵哈里·凯恩驾驶一架"洛克希德·赫德逊"式飞机，在北卡罗来纳州彻里角地区进行日常反潜巡逻时，意外地发现领蒙德浅滩30海里处有一艘潜艇。

不待德国潜艇下沉，凯思少尉低空投下3个深水炸弹，当即潜艇被炸沉。

这就是那艘德国海军的U－701舰艇。当潜艇沉入水中14～18米时，艇长匆忙下令弃艇逃生。有18名艇员逃出潜艇，其中11名离艇后被汹涌的海浪吞没，剩下的7人，顺着墨西哥湾海流向北飘流50多个小时后，被美国海军的飞艇发现，给他们投下一个橡皮船和一包食品，不久，美国海岸警卫队的船只将他们全部捕获。

第7章

CHAPTER SEVEN

刀光剑影北极线

北大西洋亚索列斯群岛位于直布罗陀海峡的空中警戒圈外，也在以英国本土为基地的空中巡逻机的作战半径以外，故有"黑洞"之称。邓尼茨整日在作战室内坐立不安，焦急地盼望着能尽早收到潜艇群发现护航运输队的报告。如果发出的无线电波不但没唤来"乳牛"，反而把敌方的驱逐舰招引来了，"狼群"就只有自认倒霉，被活活当作"靶标"。布洛克暗骂，"这帮德国鬼子真是不知死活，连个饭也不让我安生地吃，非给它点厉害不可！"

☆ 危险的"黑洞"

1942 年 7 月的一天，法国，洛里昂。德国潜艇部队指挥部。

邓尼茨目不转睛地盯着一张大海图，他正在考虑德国潜艇部队下一步的作战目标。

由于美国海军运用护卫网络加强了对来往于美国海域的商船队的防护，德国潜艇在美国沿海及加勒比海屡屡获胜的时代已经一去不复返了。德国潜艇战今后该在何处展开？

邓尼茨对几个月来德国潜艇在大西洋攻击英国运输队的经验做了一番总结。

为了攻击大西洋上可能发现的英国护航运输队，5 月初，邓尼茨把一些碰巧同时开出的潜艇集中起来，组成了一个单独的潜艇群，虽然这批潜艇的前进目标仍是美洲海区，准备尽量长期而充分地利用美洲海区的有利条件作战，但为了使其获得更佳的经济效果，邓尼茨将潜艇群配置一个宽侦察幕，沿着从北海峡到纽芬兰的大圆圈航线向西进行搜索。

邓尼茨的想法是，如果该潜艇群碰上一个或一个以上的英国运输队，潜艇群就能很快发射所携带的鱼雷，然后返回潜艇基地。要不然，就到位于纽芬兰南岸的德国潜水油船那里去加油，然后陆续沿美洲海岸南行。

5 月 11 日，德国人这个代号"梭子鱼"的潜艇群尚未完全组织好，欣施海军中尉率领的 U－569 号潜艇在驶往预定的巡逻幕阵位的途中，于大环形航线海区发现了一支向西南航行的英国护航运输队。闻此情况，邓尼茨感到预定的巡逻和侦察幕已不需要了，当即命令就近的另外 5 艘潜艇发起攻击。

第一天夜里，"梭子鱼"潜艇群击沉了 7 艘船只，接着几天，因天气恶劣，能见度差，只能偶尔辨认出英国护航运输队。为了尽量准确地重新捕捉护航运输队，邓尼茨命令"梭子鱼"潜艇群组成一个侦察幕,但由于一艘德国潜艇掉了队,造成了一个空隙,护航运输队悄悄地从中溜掉了。

5月下旬,"梭子鱼"潜艇群在纽芬兰以南600海里补充油料后,鉴于美国海区潜艇战效果不佳,邓尼茨又命令"梭子鱼"潜艇群折返向东,继续在英国运输队可能的航线上寻歼商船。它们接连发现了三支向西航行的英国运输队,击沉了其中的5艘船只。

与此同时,德国潜艇在直布罗陀至弗里敦航线上又先后攻击英国护航运输队,取得了一系列成果。

所有这一切,似乎都证明了邓尼茨的推断,即英国的护航运输队正在利用大环形航线取捷径航行,而潜艇攻击护航运输队的前景也是相当乐观的。

根据这些作战经验,结合美洲海区潜艇战的形势,邓尼茨毫不犹豫地得出这样的结论:在美国沿岸的任何潜艇战已不再有利可图。

7月19日,邓尼茨发布命令,把潜艇战的重点再次转移到北大西洋海上运输队的航线上。

为了尽可能有效而又经济地使用现有的潜艇,邓尼茨制订了对英国护航运输队作战的新计划。即将来自德国和法国的潜艇组成的潜艇群部署在北大西洋东部,但在敌人驻北爱尔兰和冰岛的海岸巡逻队封锁海域的边缘地区,让其不断西行以搜索最新发现的海上运输队航线和其他情报提供的海上运输队可能经过的航线。要是果真碰上了,那么这些潜艇就可将运输队咬住,横跨整个大西洋在敌空中护航兵力尚难达及的大西洋全部海域利用一切机会发动攻击。然后,潜艇到停留在百慕大群岛东北的潜水油船去加油,回过头来再在纽芬兰沿海部署新的潜艇巡逻线,希望以同样的方式碰上东行的海上运输队。

邓尼茨认为,他的新计划具有很大的伸缩性,足以适应任何具体情况和气候的变化,据此计划,3个半月一轮的对英国护航运输队的潜艇战开始了。其间,战果大小是依天气的好坏和英国海上运输队护航力量的强弱而定的。这种潜艇战往往要

▲ 完成作战任务准备返航的 U 艇。

▲ 从法国洛里昂出发的德国 U 艇编队。

▲ 大西洋海战中，嚣张一时的德军主力 U 艇。

持续4~6天，有时甚至8天，间或只有些短暂的停顿。一旦发现英国运输队，德国潜艇就不顾风向和天气，尽量接近运输队。尽管英国护航运输队采取了一些规避行动，潜艇还是借助暗夜的掩护，浮出水面而进行攻击。但是，如果在德国潜艇攻击前不久，英国运输队能够突然改变航向，往往就会挫败潜艇几天所做的一切努力；而且潜艇还会被英国护航舰只赶跑而与其脱离接触。尔后，整个作战又不得不从头开始，最后常常又因为英国掩护飞机的到来或者纽芬兰沿岸经常出现的大雾而失败。但不管怎样，德国潜艇在大西洋上对同盟国海上运输队的攻击，还是取得了一些战果。

7月份的最后一周，一个潜艇集团试图攻击被发现的两个船队，但均告失败。究其原因，是因为准备攻击时遇到暴风雨，之后又碰到持续多雾的恶劣天气。

这件事过去没多久，U－593潜艇又发现了从加拿大出发向东航行的SC－94船队。U－593号一直跟踪到8月5日，这时，获知情报后从附近海域赶来的其他U艇也靠拢了过来。

这支船队的护艇兵力是：1艘驱逐舰、6艘高速护卫舰。在"狼群"发起攻击前，海面上弥漫起浓雾，有几艘商船渐渐远离了船队，驱逐舰赶忙奔向前去召回这几艘离队的商船。趁着驱逐舰离开的机会，"狼群"大肆向船队发动攻击。商船"斯巴"号被炮火击中燃起大火。这段期间，大雾始终掩护着潜艇，让护航舰队无可奈何。

6日的午后，大雾突然间消失了。U－210号艇长雷姆凯少校上浮到便于观察的海面。这时，驱逐舰"阿西尼波音"号和高速护卫舰"黛安萨斯"号一起猛扑过来。

U－210号见势不妙，立即迅速下潜。就在这时，一串深水炸弹砸了下来，U－210号受到重创，再也无法下潜。雷姆凯少校只好任潜艇浮在水面，启动德塞尔发动机试图尽快逃离现场。

还没跑出多远，9公里之外的驱逐舰"阿西尼波音"紧紧地追了过来。很快，双方都进入了彼此的火炮射程之内。

一发炮弹命中了U－210号的指挥塔。U－210号潜艇也不甘示弱，用大炮顽强还击，将驱逐舰击中起火，使该舰 1 人死亡，13 人受伤。

这时，驱逐舰和潜艇已很接近，火炮再也发挥不了威力。驱逐舰便摆头向潜艇冲去，试图依靠其坚硬的外壳和吨位上的优势将潜艇撞沉。雷姆凯少校赶忙闪开，潜艇紧贴着驱逐舰的右弦躲了过去。

接着，雷姆凯少校试图挣脱险境，但均告失败。潜艇终于被急速回转的驱逐舰撞着。从潜艇旁斜冲过去时，驱逐舰又从舰尾投下一串深水炸弹，使本已遭重创的 U－210 号更是伤痕累累。雷姆凯少校和乘员们不得不放弃潜艇，任它挣扎着葬入波涛之中。

U－210 号上的幸存者被随后赶来的盟军护卫舰"黛安萨斯"号救起。而"阿西尼波音"号也受了重创，不得不离开商船队，单独返回基地。

3 天之后，又有 5 艘高速护卫舰赶到，与原来的护卫舰队一起担负为商船队护航的任务。剩下的 4 艘德国潜艇只得小心翼翼地同商船队周旋。

8 月 8 日午后，天气晴朗，能见度较高。德国潜艇抓紧良机再次对船队发起攻击。

几分钟之内，它们用鱼雷击沉了 5 艘商船。商船队立即出现了恐慌和混乱。有 3 艘商船的船员甚至惊慌失措，以致将这 3 艘轮船熄火，弃船转移到救生艇。其中 2 艘船的船员在稍稍镇静下来后，才发现船只并未受到鱼雷攻击，于是再度折回，启动船只重新航行加入到船队中。第 3 艘轮船"拉多杰其"号的船员则完全弃船。"拉多杰其"号在无人驾驶的情况下，在大海上随波逐浪地漂荡了好几天，最终还是被潜艇击沉。

从这一天的午后至深夜，德国潜艇一直疯狂地追逐、攻击这支船队。商船队的护卫舰只也不示弱，一旦发现潜艇踪迹便穷追不舍。终于，护卫舰"黛安萨斯"号咬上了潜艇 U－379 号，并用深水炸弹将其击伤，逼它浮上水面，然后将它击沉。

由于盟国护卫舰积极反击，3 艘德国潜艇遭到了被击沉的厄运。然而，盟国船队又接二连三被击沉 4 艘商船。

8 月 9 日，邓尼茨从其他水域调集潜艇支援作战。盟国方面也赶紧派增援兵力

▲ 一艘 U 艇正被盟军飞机追杀。

奔赴现场。双方都在紧张地调兵遣将，这一天没有发生战斗。

8 月 10 日早晨，盟国船队进入其陆基飞机的作战半径内。由于盟国援军姗姗来迟，在陆基飞机尚未飞抵船队上空时，德国潜艇又发动了一次攻击，击沉 3 艘商船。盟军飞机抵达战场后，潜艇被迫潜航，刚才还硝烟四起的海面这时归于平静。有鉴于此，邓尼茨不得不发出停止攻击的命令。

在这次战斗中，潜艇共击沉了 12 艘商船，总吨位达 56,000 吨。与此同时，在南方的盟国商船航线上，其他潜艇群也创下了相当可观的战果。

北大西洋亚索列斯群岛位于直布罗陀海峡的空中警戒圈外，也在以英国本土为基地的空中巡逻机的作战半径以外，故有"黑洞"之称。德国潜艇在此海区创下了耀眼的战绩。

8 月 14 日，潜艇群攻击了盟国的 SL－118 船队，接着又袭击了 SU－119 船队，共击沉 5 艘商船，总吨位 42,000 吨。

　　9月中旬，邓尼茨第一次在大西洋集结了20艘潜艇，企图伏击英国的SL－100护航运输队。由于这次潜艇群兵力空前强大，邓尼茨对战果翘首以待，希望获得更大成功。然而天公不作美，当SL－100护航运输队行驶至拉斯角东南约200海里海面时，强劲的西风变成了风暴，德国潜艇难以继续攻击，只有采取有利的航向和航速来抵御风暴的袭击，此役，仅击沉3艘商船。

　　英国海军部第一次官庞德海军上将，从大西洋海区护航运输队的报告中很快就意识到，德国潜艇已再度开始对海上运输队进行预期而有组织的攻击。这一切无疑证实了他在7月份对大西洋战役可能发展的情况判断结论。尽管他极力想扭转这种不利的局面，但是由于种种原因，他又只能陷于无奈之中。

　　庞德上将明白，同盟国最大的困难首先是普遍缺乏运输船只，这就需要加快船只周转时间；其次是缺乏护航船只。不错，护航舰的数量是在增长，但增长得还不够快，赶不上各地对护航任务的需求。因而，他认为，在海上加油问题和空中掩护半径解决以前，同盟国护航系统别无他法，只能使用大圆周航线，力图采取小规模战术规避行动来减少潜艇攻击的损失。用他的话说，"明知大西洋中部因得不到空中掩护而形成了巨大的'黑洞'，也只能往里钻。"

　　不过，庞德上将还是给丘吉尔首相写了份报告，请求增派能够在中大西洋巡逻的重型轰炸机，并加快反潜装备的发展。

☆ 救星般的"乳牛"来了

　　法国洛里昂。德国潜艇部队指挥部里，有两间名叫"情况研究室"的房间。在这里，邓尼茨和他的参谋人员拟制潜艇作战计划，这里每天都举行情况报告会，并对潜艇战作出决策。墙上挂着海图，海图上用针或小旗标出潜艇的位置以及预期的同盟国护航运输队航线，防御兵力的活动范围和作战半径等。他们还通过图解注记对海图加以补充。

除了"情况研究室"外，这里还有所谓的"博物馆"。墙上挂有各种图表，上面标绘了被击沉的舰船、潜艇的损失和护航运输队的活动等情况。在战况图上，潜艇每个舰日击沉同盟国舰船的平均数，是用曲线来表示的。邓尼茨特别重视经常观察这些下降或上升的曲线。他认为，就像病人的体温曲线可给医生提供病人的健康状况一样，潜艇战果曲线可以使其掌握近期的形势。

从 1942 年 7 月至 9 月这段时间内，在北大西洋，作战行动连续不断，很少有较长时间的停息。英、美海军和德国潜艇之间处在不间断战斗中。随着德国潜艇数量的增加，从 10 月初起，邓尼茨可以使用两个潜艇群在大西洋的东部和西部各组一道巡逻幕。邓尼茨计划让这两个潜艇群在英国护航运输队到达"潜艇作战区"之前就与其保持接触，而"潜艇作战区"仍选择在同盟国岸基飞机难以到达的大西洋中部的公海上。

邓尼茨让他的助手们把预期的同盟国护航运输队的航线认真地标绘在海图上。他们在对有关护航运输队航行的各种信息进行比较验证以后，才配置潜艇巡逻幕。德国潜艇的巡逻幕基本配置在同盟国护航运输队白天可能通过的海区。邓尼茨认为，白天同盟国护航运输队溜过巡逻幕的可能性较之夜间要小得多。如果白天没有发现"猎物"，晚上，潜艇巡逻幕就采用与估计的同盟国护航运输队相同的航速向护航运输队的航向前进，次日天刚亮则迎着预期的护航运输队驶去。邓尼茨希望能以这种办法尽量在离敌护航运输队"出发线"较近的海区截击护航运输队，最大限度地利用没有敌空中警戒兵力的作战海区。

10 月 10 日，为捕捉从美国出发的向东航行的盟国船队，大群潜艇潜行到了纽芬兰海域。其中一支"狼群"埋伏在"黑洞"的末端，静候着从雪利港驶出的 SC－104 船队，但直到深夜也没有看到它的踪影。

邓尼茨认为这支船队很可能绕到东北方向去了，果断命令潜艇群转赴该海域。

▲ 英军机务员正往轰炸机上装弹。

邓尼茨并没有获得可靠的情报，他凭的是自己的经验。

10月11日，邓尼茨整日在作战室内坐立不安，焦急地盼望着能尽早收到潜艇群发现护航运输队的报告。深夜，邓尼茨感到十分疲乏，他想，难道是我的决策失误了？还是让英国人溜掉了呢？邓尼茨百思不得其解。

次日凌晨，一阵急促的电话铃声把他从梦中惊醒。值班参谋报告说："刚刚接到巡逻幕北端潜艇艇长特罗耶尔中尉的报告，他们于昨日下午发现一艘英国小型护卫舰。"

邓尼茨不高兴地问道："为什么他们这么久才报告？"

值班参谋回答道："他们说由于天气干扰，风浪太大，潜艇无法及时发报。"

邓尼茨想，看来这艘小型护卫舰定是英国护航运输队中的警戒兵力。尽管情况掌握的有些迟，也应该碰碰运气，盯上这条小鱼就不愁找不到鱼群。

于是，邓尼茨命令该潜艇群全速向小型护卫舰方向追赶。

当日下午，一艘德国潜艇幸运地重新发现了那艘小型护卫舰，潜艇一面召唤其他潜艇，一面紧追不舍。傍晚，追踪着护卫舰的航迹，德国潜艇群终于找到了英国SC－104护航运输队。

原来，这是一支包括47艘商船的大型船队，担任护航任务的仅有2艘驱逐舰和4艘护卫舰。

随后的两个夜晚，暴风减弱了，但波涛仍汹涌澎湃，护航运输队机动和对潜观察都十分困难。德国潜艇群趁机发起攻击，特罗耶尔中尉指挥的U－221号潜艇，击沉了7艘商船，其中一艘是万吨级的"南方快车"号油船，它是为护航舰艇补给燃料的。其余的德国潜艇除击沉1艘商船外却没有更大的战果。

战后，邓尼茨颁布命令，破格晋升特罗耶尔为海军少校。

10月15日夜晚，驱逐舰"派堪特"号发现了U－691号潜艇，在该艇还未来得及下潜时，便将其击沉。

驱逐舰"费姆"号盯上U－353号潜艇，用深水炸弹对其攻击，U－353号被击伤后浮上水面，全艇乘员被迫弃艇逃生。

在U－353号沉没前，"费姆"号的几名官兵到该艇中搜查，缴获了大量的资料、手册等，盟军因此而从中获得了许多极宝贵的情报。

10月份以来，潜艇作战一直很顺利，击沉的舰船数目也很可观。只要发现了盟国船队，或者破译了对方船队与基地之间的密码通信，潜艇便可以随时出击。即使在天气恶劣的几个星期里，潜艇也能超常发挥技术战术水平，不间断地展开对商船队的攻击，有时甚至还能陷船队于事先布置的潜艇伏击圈里。

10月26日，当潜艇在大西洋上寻找向西航行的盟国船队时，偶尔发现向东航行的HX－212船队正在接近潜艇警戒线的中央。邓尼茨亲自指挥这次行动，电令警戒线中央附近的潜艇先行后退，再让侧翼的潜艇迅速向船队靠拢，这样使商船队陷入潜艇群的包围之中。

这时，暴风雨已经过去，潜艇可以顺利地运用鱼雷发动攻击了，更为有利的是，海面上仍有风浪，使得盟国护航舰只上的雷达图像模糊不清，潜水探测器也不能准确地捕捉到潜艇的位置。

10月28日夜，潜艇协同作战一齐向船队攻击，结果击沉7艘商船。

两天后，一艘潜艇在纽芬兰沿海发现了正在向东航行的S－Cl07船队，立刻将这一情况向德国潜艇司令部做了报告。

邓尼茨当即调集7艘潜艇悄悄地跟踪船队，只待时机成熟便杀出来发动袭击。遗憾的是，这块海域还在纽芬兰陆上基地飞机的控制范围内，潜艇受到空中牵制不能贸然对船队实施攻击。

潜艇如此小心翼翼地行动，也摆脱不了噩运，U－509号和U－658号在追踪过程中竟被加拿大飞机所击沉。

直到11月10日，这支船队才驶出陆基飞机的控制范围。潜艇群立刻迫不及待地展开攻击。仅在两晚之间，潜艇就击沉15艘商船。

▲ 德国 U－175 号潜艇遭深水炸弹攻击后被迫浮出海面，立刻受到美国军舰舰炮的打击。

　　船队进入以冰岛为基地的警戒飞机的控制范围后，盟国飞机赶来救援并炸沉了 U－32 号潜艇，潜艇群这才撤出战斗。

　　在南方马得拉岛的外海，德国潜艇对盟国的 SL－125 船队进行攻击，获得了巨大的成功。经过 7 个夜晚的攻击，潜艇共击沉 13 艘商船，而自身没有受到任何损失。

　　原来，这是盟国精心策划的一次行动，目的在于将 SL－125 船队作为诱饵，将德国潜艇调虎离山，以配合盟军的北非登陆作战。因此，SL－125 船队付出惨重代价是在所难免的。

　　在德国潜艇肆无忌惮地猎杀 SL－125 船队的同时，盟军庞大的运输船队与登陆舰队正浩浩荡荡地奔向直布罗陀海峡，北非登陆作战从此开始实施。

　　SL－125 船队既然被当作诱饵使用，也就做好了被潜艇攻击的准备。然而正是因为作出了巨大的牺牲，才使得参加北非登陆作战的舰船队免遭潜艇的袭击。盟军在北非登陆成功,说明了德国统帅部对形势的判断是完全错误的,盟军的这一行动使他们大感意外。

11月8日,当邓尼茨得知美军已在摩洛哥沿岸登陆时,立刻下令在直布罗陀海峡和凯布贝尔蒂群岛海域的所有潜艇都开赴到摩洛哥沿海,在北大西洋活动的潜艇,除了燃料不足的外,则都集中到直布罗陀海域。

11月11日,各艘潜艇都已到达所指定的海域。尽管盟军在登陆场附近有驱逐舰、护卫舰和飞机警戒,再加之陆地上还架设了雷达,海空防卫都极为严密,潜艇还是展开了勇猛的攻击。

11月11日这天,U-173号潜艇率先突破盟军警戒防御线,以鱼雷击中3艘舰船。

11月12日黄昏,U-150号潜艇沿登陆场附近的近岸海面潜行,偶尔使用潜望镜侦察海面,以此方法寻找战机,便是击沉了3艘运输船。

邓尼茨不情愿在直布罗陀外海使用潜艇,尽管直布罗陀外海的舰船很多,但它的海空警戒也很严密,潜艇很难有所作为,甚至有不少潜艇在展开行动之前,就遭到很惨重的袭击。

11月中旬,海军总司令部命令邓尼茨将29艘潜艇配备到直布罗陀海峡外海,并补足在地中海受到损失的潜艇。邓尼茨对此立刻提出强硬的反对意见。海军总司令部终于与邓尼茨达成妥协,配备到直布罗陀海峡外海的潜艇由20艘减为12艘。至于地中海方面,则不管损失多少,只补充了4艘。

现在,盟军把兵力集中到了北非方面,并为运输船和补给船提供充分的护卫兵力,这样就减少了在大西洋各船队的护卫舰艇,给了德国潜艇袭击船队的一个极好机会。这个节骨眼上,邓尼茨接到了海军总司令部的上述命令。

邓尼茨认为在护卫舰艇兵力集中时动用潜艇硬行攻击,是扼杀潜艇所具有的最大潜力,是一种发了疯的妄想。如果说是要给敌方以闪电式的打击,阻止他们的作战行动,那又另当别论了。

邓尼茨对形势的分析得到认可后，海军总司令部变更了一部分命令。即：把原来要配备到直布罗陀去的潜艇，改为配备到亚瑟群岛西方的大西洋中部，阻止盟军对非洲登陆行动的增援。

这一行动由于没有能够保证获得成功的合理依据，因为直到12月6日，潜艇只击沉了4艘船只。到了12月23日，海军总司令也认为潜艇作战对阻止盟军登陆北非毫无帮助，便下令中止了这项潜艇作战任务。

虽然如此，由于燃料不足的缘故，到11月初仍无法抵达摩洛哥沿岸的数艘潜艇，以及被免除前往直布罗陀外海的8艘潜艇，仍然从事着对商船队的攻击。

11月17至18日，一群"海狼"在攻击ONS－144船队，击沉了4艘商船和1艘高速护卫舰。由于燃料短缺，"海狼"们集中起来，等待接受"乳牛"（"乳牛"为大型输油潜艇）的燃料补给。

这时，暴风雨突然袭来，迫使他们在怒吼的波涛中折腾了好几天。燃料不够，没有动力使潜艇垂直浮出海面，二次电池也无法充电，潜艇仓里既不能照明更不能烹调食物。艇上乘员已被风暴、饥饿折磨得头昏眼花了。

暴风雨过去后，"狼群"为了与"乳牛"再次接触，不得不使用无线电联系。没有电力，更没有充电的燃料，"狼群"是无法潜航了，如果发出的无线电波不但没唤来"乳牛"，反而把敌方的驱逐舰招引来了，"狼群"就只有自认倒霉，被活活当作"靶标"。他们惶惶不安地等待着"乳牛"的到来。

终于，救星般的"乳牛"来了，"狼群"匆匆吸足燃料补给，又急急忙忙向比斯开湾基地出发了。

12月7日，邓尼茨命令"莽撞者"和"装甲车"2个艇群共20余艘潜艇，在东行的HX－217大西洋护航运输队进入大西洋"黑洞"时，进行攻击。英国的这支护航运输队由25艘商船和5艘护卫舰组成。

12月8日清晨，天还未亮的时候，德国先期到来的潜艇发现了护航运输队。尽管第120中队的一架"解放者"式飞机，在远离冰岛基地1,200公里外，为商船提供近程掩护，德国潜艇还是用鱼雷击沉了一艘商船。

此后不久，英国皇家空军少校布洛克驾机赶到，继续提供近程掩护。布洛克知道附近有潜艇，因而特别警惕地进行搜索。

天色阴沉，能见度不太好，接着下了一场冰雹，气候更糟了，给搜索工作带来了难以想象的困难。但布洛克和他的机组仍围绕护航运输队进行大面积搜索，希望能发现德国潜艇。幸运的是，布洛克立刻又交上了好运。布洛克发现机翼左侧下方，商船队的后面，有一艘在水面高速航行的潜艇，正全速追赶护航运输队。布洛克立即用携载的6枚深水炸弹进行了攻潜，很快，潜艇消失了。

一个小时以后，布洛克又发现2艘潜艇正发疯般地追赶护航运输队。布洛克驾机对准其中的一艘潜艇，用仅存的2枚深水炸弹进行了攻击，没有看到击中的迹象，很快，2艘德国潜艇都下潜了。

经过这么长时间的航行和战斗，布洛克和他的机组人员早晨就没吃上饭的肠胃更感到饥饿，他们仍继续巡逻。一名机组人员在机舱内用电炉烧好牛排和土豆作为午餐。布洛克端坐在座舱内，把盘子摆放在膝盖上，飞机进入自动驾驶仪飞行状态，他准备好好享用这份难得的佳肴。

不料，透过机首的玻璃，布洛克又发现了一艘在水面高速行驶的德国潜艇，布洛克暗骂："这帮德国鬼子真是不知死活，连个饭也不让我安生地吃，非给它点厉害不可！"

他赶忙抓住操纵杆，同时发出了战斗警报。盛着牛排和土豆的盆子从布洛克的膝上滑了下去，洒了他一身都是油污，布洛克听到后面机舱里也响起了一阵盘子落地的响声。全体人员都跳了起来，各就各位。布洛克驾机向潜艇俯冲下去，用加农炮和机关炮进行猛烈扫射，吓得那艘潜艇急忙下潜，躲到水下去了。

此后，德国的潜艇不断涌入这片海域，布洛克和他的机组不断发现目标。往往还来不及完成一次攻击，来不及在飞行日志上记录下全部细节，另一艘潜艇出现

▲ 在北大西洋海域，一支船队在风暴过后通过多浪区。

了，布洛克又不得不再进行一次攻击。每次他都用加农炮射击，迫使潜艇不敢在海面露头。

如此反复较量，在整整5个多小时内，布洛克先后发现8艘德国潜艇，对其中7艘进行了攻击。随着飞机续航时间已达最高极限，布洛克才恋恋不舍地告别他的"舞台"，驾机返回位于冰岛雷克雅未克的空军基地。

布洛克离开以后，第120中队的伊斯特德少校驾机赶来接班，继续担负空中掩护任务，他又发现5艘潜艇，攻击了其中4艘。

这样，布洛克和伊斯特德非常成功地完成了掩护护航运输队的任务，他们共发现13艘潜艇，攻击了其中11艘，粉碎了敌人用狼群战术对护航运输队可能的合同攻击。事后，邓尼茨在当日的战争日记中写道：

"此次作战失利，战果甚微，究其原因，是由于敌人护航兵力十分强大……"

或许，邓尼茨和那些德国艇员们做梦也想不到，让他们惊恐不已的强大兵力，不过是2架英国飞机。

12月中旬，天气又转坏了。为此，潜艇不得不停止作战。到了27日，潜艇才又向船队展开攻击。利用船队周围的雾层，潜艇攻击了ONS－154船队，共击沉了13艘舰船。

这次作战是潜艇部队在1942年于北大西洋的最后一次对英船队的攻击。

☆ "狼群"望洋兴叹

这一年，不仅有很多大规模的作战，而且也有数不清的小规模的作战，潜艇一直活跃在辽阔的海域。

在加勒比海方面，商船仍旧做单独航行，这极有利于潜艇对其展开攻击。尤

▲ 两艘正在进行补给的 U 艇，遭到盟军飞机的攻击。

其在古巴与海地之间的海峡，更是"狼群"狩猎的好去处。可到了 8 月，此海域也采取了船队航行的方式。

空中警戒虽很严密，但潜艇艇长们能凭着久经海战的丰富经验，大胆机智地钻进船队里面，连航空雷达也发现不了。这就像牧羊人只知道羊群外面有狼，而想不到羊群里就藏着狼一样。1942 年 8 月，盟国舰船被"狼群"击沉了 15 艘。

在辽阔的海域，潜艇战也以好望角最有希望。邓尼茨认为只要把"狼群"派到那儿作战，战绩一定非常可观。不过，好望角足有 1 万多公里，必须依赖"乳牛"供给燃料与补给品。

最初被派到好望角的，是由小型 C 潜艇及"乳牛"组成的"波拉贝亚狼群"。8 月中旬，"狼群"从基地出发，在南大西洋补给，不久之后抵达好望角。

最初的袭击作战没有成功。在"狼群"抵达好望角之前，英国海军部敌方潜艇情报处凭着直觉，认为"狼群"可能会窜到南方活动，便很快改变了舰船从好望角出发的航线。而邓尼茨则断定好望角的航线上将有大批的舰船，等待着"狼群"去捕捉。因此当"狼群"匆匆赶来时，舰船却从另一条航线溜之大吉，"狼群"只有望着空荡荡的大海喘息。"狼群"的任务是要吃掉"羊"（盟国舰船），从此好望角就有一群"狼"在四处"狩猎"了。

在 IX 型 C 潜艇抵达开普顿外海的同时，新型的 IX 型 D2 潜艇也到了。战前，IX 型 D2 潜艇的设计是以炮弹轰击为主要火力的大型巡洋潜艇。经过改装，艇载的主要武器由大炮换成了鱼雷，其排水量为 1,365 吨，续航距离为 5,850 公里，是最适合于远距离作战的潜艇。

IX 型 C 潜艇发现舰船时，发挥了自己的威力，到 10 月底，已经击沉 24 艘舰船。

分布于世界各地的潜艇，都先后创造了相当辉煌的战果，使盟军如坐针毡。它们不仅在北大西洋的主要航线上取得了巨大的战果，同时，使盟军的护卫兵力从主战场上分散到了其他海域。

德国潜艇司令部总是技高一筹。每当盟军集结护卫兵力时，他们就暂时停止攻击，待盟军放松后减少兵力时，他们便立即以迅雷不及掩耳之势的动作展开攻击。这种作战方式使潜艇占尽了上风。

轴心国潜艇在 1942 年，共击沉盟国舰船 1,160 艘，625 多万吨。如果再加上潜艇以外的兵力所击沉的舰船数，则可高达 779 万吨。这期间，德国损失 87 艘潜艇，不过，这只占已服役的潜艇的 18%。除此之外，德国尚有 393 艘的就役潜艇，而其中的 212 艘可以随时参战。

比起 1941 年初只有 249 艘潜艇服役，91 艘能随时应战的情况，1942 年底显然有了很大改善。这一年，盟国的造船量只达到了 700 万吨，因此，在盟国与轴心国之间的"吨数战争"（盟国造船量的总吨位数与轴心国击沉盟国舰船量的总吨位数的竞争）中，轴心国处于优势地位。

从战争进程看，一直到 1942 年底，两大阵营都还没有达到在海洋上拥有压倒优势，从而在全球海洋上称霸的决定性阶段。

1942 年底，在辞旧迎新的时刻，敌对双方对大西洋战役作了不同的估价。邓尼茨认为：

> 经过三年多战争以后，我们清醒地看到，英美两大海军的兵力之不断增长，对于独立承担海上战争负担的德国潜艇部队来说，无异于是在用有限的力量从事一场无限的战争，未来的前景不容乐观。敌人水面侦察和空中掩护力量的加强，使形势日益困难。我们所能期待于1943年者，不外是保持潜艇的作战效率和兵员的士气，并力求尽可能加以经济使用而已。从目前来看，敌人的主要忧虑仍在大西洋战役上面，就是说，担心由于潜艇击沉船只而使他们的力量不断地受到消耗……

> 无论如何，我们必须解决一个具有极其深远影响的问题，这就是潜艇战的重点必须放在大西洋，潜艇的吨位战将为整个战局作出最有效的贡献，必须充分利用当前有利的形势，而背离这一原则，只能给战局带来不幸。

> 战争实践表明，适应潜艇自身特性并灵活加以运用，这是十分必要的，对潜艇提出不适应其自身能力的抽象的要求，不仅是无益的，而且是有害的，因为潜艇的无效使用无异于使敌人在别的地方免遭更大的损失。

英国海军部在检讨大西洋之战的问题及展望的报告中指出："我们的航运形势，从来没有像今天这样紧迫，水面和空中护航力量的发展不能令人满意。纵有北非登陆的成功，但使人忧虑的仍是未来对欧洲大陆的进攻计划可能由于缺少船只而延搁甚或停顿。尤其可虑的是燃料的储量已跌至最低点。显而易见，大西洋交通线反潜作战仍有待于解决，敌人的潜艇数量正在惊人地增长，实力比过去还大，战胜德国潜艇战将面临敌人长期挣扎所带来的危险性。"

第8章

CHAPTER EIGHT

昔日的辉煌

罗斯福听到这里，终于明白英国人的心思了。丘吉尔听完罗斯福的话，会心地笑了。他这才摸清美国人的意图。看来罗斯福也并不想拿美国大兵的生命开玩笑。德国潜艇群像一群群饿狼扑入两支船队，撕咬着孤助无力的"羊羔"。邓尼茨和他的艇员们士气大增，深信大西洋海战，他们已稳操胜券。德国艇长心里直犯嘀咕："真见鬼！怎么这驱逐舰好像早发现了我们似的。"空守多日的潜艇，个个都像饿急了眼的狼，迅速向目标集结。

☆ 神气活现的丘吉尔

1943 年伊始，连绵不断的恶劣天气，使盟军的飞机无法在海上巡逻，大西洋航线上的空中警戒陷于全面停止的状态。

潜艇在波涛汹涌的大海上航行既非易事又很危险，想要保持正确的航向和进入预定的位置也几乎不可能。由于天空中乌云密布，运用"天文航行法"（通过观测天体位置而推算舰船位置的方法）领航根本行不通。再者，无论是高速航行还是低速航行，艇体都会上下左右摆动，更何况大风大浪中潜艇也会受到海潮影响，所以在此情形下，惟一能依靠的推测航行法也不那么可靠了。

1 月份的头几周，共有 164 艘潜艇在大西洋作战，但是却未能寻找到商船队。正当潜艇在风雨中奋力搏斗，一面努力保证自身安全，一面使出浑身解数捕捉战机的时候，在战场之外发生了历史性的事件。

1943 年 1 月，盟军解放了摩洛哥。1 月 14 日，美国总统罗斯福与英国首相丘吉尔在该国首都卡萨布兰卡举行会谈，商讨盟军作战计划。参加会谈的还有美国的马歇尔将军、海军金上将，阿诺德将军；英国的陆军上将布鲁克爵士、海军上将庞德爵士、空军上将波特尔爵士。美国总统私人顾问霍普金斯、租借物资管理委员哈立德和英国的蒙巴顿将军等。

会谈一开始，罗斯福就开门见山地说：

"前几天斯大林通知我，由于他正在忙着指挥伏尔加河方向的作战，所以他不能亲自前来参加这次重要的会晤。不过，我想他即使来了，所关心的也只有开辟欧洲第二战场的问题。"

罗斯福说到这里，语气似乎有些加重。"第二战场是我们共同关心的问题，谁

▲ 罗斯福、丘吉尔和手下的高级将领们在卡萨布兰卡会议上。

都希望战争尽快结束，但是我们的将军们认为现在的准备还很不充分。"

布鲁克接过话题，慢条斯理地说：

"的确如此，在这之前我和马歇尔将军专门讨论过这个问题，我们共同的看法是：在欧洲大陆上的作战将是一次规模空前的战役，至少要有100万以上的军队参加最初的行动，它的胜负将决定我们的命运，我们必须争取时间作尽可能充分的准备，我们要为参战官兵的生命负责。"

罗斯福心里十分清楚，英国人又不愿承担风险了。他回头看了一眼马歇尔，马歇尔似乎对布鲁克的话不置可否，好像没有听见一样。

布鲁克稍停了一下，看看美国人没有反应，接着说道：

"对俄国人来说，伏尔加河方向的作战他们已经稳操胜券，德国的第6集团军已经陷入了合围，他们今后的一段日子会好过得多。趁这个时机，我们为什么不更多地照顾一下其他战场的情况呢？毕竟我们双方在一起才有更多的共同利益。

既然北非的登陆已经取得了胜利，那么我们为什么不再向前一步，到西西里去，从轴心国的软腹部插上一刀呢？我们的敌人并不止一个，在地球的另一面还有日本，难道我们就不能在太平洋战场上——比如说在缅甸，采取一点更积极的进攻行动呢？"

罗斯福听到这里，终于明白英国人的心思了。英国人不但不愿意承担风险，还把算盘打到了亚洲。这群英国人的脸皮也太厚了。

没等罗斯福发话，马歇尔首先开了口。刚才好一会儿他都没弄清楚布鲁克在兜什么圈子，现在他终于明白了，英国人是在要缅甸。

"布鲁克将军，我想我们的话题扯得太远了。谁都清楚结束战争的关键是打败德国，打败德国的关键在欧洲大陆，这个问题一年以前就已经明确了。我看我们还是研究一下尽早在欧洲大陆登陆的问题吧。"

马歇尔又一次提出了对欧洲大陆的登陆作战问题。坐在一旁的庞德海军上将感到是他发言的时候了：

"马歇尔将军，我只从我专业的角度提一点问题。就我们现有的海运状况，我们根本无法保障那样的大规模登陆作战。一句话，我们没有那么多船！我想金上将应该同意我的观点。"

金上将只好点头同意庞德的看法。因为两天以前，他刚刚同庞德就这个问题签署了一个备忘录。

这时，丘吉尔迫不及待地站起身来，几步走到墙边，伸手拉开了墙上的大布帘，一幅巨大的北大西洋海图出现在人们面前。

曾经陪同其父参加卡萨布兰卡会议的小罗斯福亲眼看过丘吉尔的这幅海图，他在一本回忆录中描写到：

> 作为英国的战时内阁总理大臣，丘吉尔老是坚持随身带着大英帝国的作战计划。他的侍从们为他布置了一间壮丽的作战室，到处铺着贴着各个战场的地图。他非常高兴而得意地指给我们看，假如战争是一种游戏，而不是那种血腥的，混乱的，乏味的，消耗元气的勾当，我相信这些地图实在是一切好戏中最好玩的了……而最迷人的可以说是那张北大西洋的大海图，上面以各色各样的记号指示出纳粹的潜艇活动，每一个滑动的小型潜艇代表一个纳粹的潜艇集团：很多的纳粹潜艇静伏在洛里昂和布勒斯特，又有许多潜艇指向西方，针对着我们航向英国本土的船舶集团，一部分潜艇埋伏在亚速尔群岛的海中，又有一部分在冰岛海外，或是指向北方，监视着摩尔曼斯克的海上航线。每天丘吉尔看他们在这张大地图上登记关于船舶动态的最新情况；每一次都怀着重大不安的心情，担心着这一批船舶是否可以平安无事地完成它们的旅程？哪一批船舶中有多少吨的重要物资将爆炸、散失，而沉到海底？英国的海上巡逻队是否有一个机会来狠狠地炸掉几支这些豺狼似的潜艇？那一年冬天，北大西洋的海战将要达到一个最高潮的阶段；这张大海图上的小潜艇所

▲ 出席卡萨布兰卡会议的英国将军布鲁克（右）与奥钦莱克将军在一起交谈。

产生的不安心情正代表着全世界的不安与关心，它的解决包含了世界史课题的解答。

此刻，丘吉尔正滔滔不绝，不时地用手在地图上比划着，看上去真像一位神气活现的解说员：

"……各位先生们，这张图上的一切恰如其分地表明了我们当前的处境。在战争开始的时候我们总共拥有4,200万吨商船，四年来邓尼茨已经击沉了其中的1,700万吨，而我们的造船工业所能补充的充其量只有损失数的2/3。也就是说我们的海运能力在不断下降，再加上编队航行造成的效率低下，我们只有战前海运能力的

ATLANTIC 二战经典战役全记录
魂归大西洋

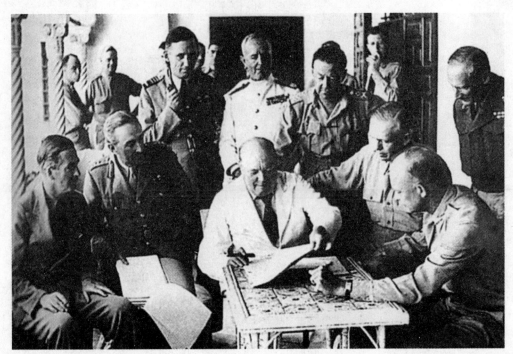

▲ 丘吉尔与美英两军指挥官在卡萨布兰卡商讨大西洋反潜作战计划。

60～70%。这种情况不仅直接威胁到英国的生存，而且使我们无力在欧洲大陆采取任何大的进攻行动。所以，我认为在我们没有真正解决海上的问题以前，是无法谈及欧洲大陆作战的。仅仅从准备未来的登陆作战而言，我们甚至有必要大幅度削减对俄国的海运计划。"

听众们似乎被丘吉尔的表演打动着，大厅内一片沉寂。最后金上将站了起来，不动声色地说：

"作为一名海军军官，我为首相阁下如此准确地掌握着海运情况而感到自豪。正如首相阁下所阐述的那样，目前海运的状况还不允许我们进行大规模的跨海作战，因此在缅甸的攻势行动也就无从谈起。"

金上将的发言使在场所有的英国人很尴尬，半天说不出话来。最后还是布鲁克有气无力地回敬了一句：

"那么，我们在准备欧洲大陆作战期间，总应该有一点配合行动吧！仅靠英国的兵力实在是杯水车薪。"

罗斯福终于感到该说点什么的时候了，他欠了欠身子，张口说道：

"先生们，我们没有必要再争论下去了。问题已经清楚了，海上运输应该是我们的头等大事，没有它我们什么也干不成。在彻底改善海运问题之前，我愿意同英国朋友们一道说服斯大林，把我们的登陆作战行动推迟到下一个年份。至于其他方向的配合作战行动，我们总得有所表示，我看布鲁克将军的意见倒是可以考虑，我们可以在西西里方向来取一个有限规模的攻势。"

丘吉尔听完罗斯福的话，会心地笑了，他这才摸清美国人的意图。看来罗斯福也并不想拿美国大兵的生命开玩笑，所谓欧洲大陆的攻势不过是一个筹码，说到底是不想让大英帝国继续染指亚洲罢了。丘吉尔环视了一下四周，缓缓开口说道：

"看来只能如此了。"

霍普金斯感到太便宜了英国人，他还要再敲一下丘吉尔：

"如果这样，我们怎样说服斯大林呢？毕竟俄国人牵制着德国一半以上的作战力量。"

丘吉尔笑了笑，轻松地说：

"这个问题我早就想好了，我们可以宣布一个最终的战争目标——无条件投降！我看这个提法会受到所有的朋友们欢迎的。"

1943 年 1 月 24 日，卡萨布兰卡会议结束。

会议产生了两个主要的结果：

同盟国要求德国"无条件投降"。这是一个政治意义上的重要结论。

英美两国一致同意，大西洋方向上的反潜作战将成为今后一年中的首要作战任务，这是一个军事上的重要结论。

对盟国海上运输的最大威胁是德国的潜艇，这是非常明显的事实。

盟国要想在欧洲展开反攻，则必须保证源源不断的物资补给从北美运抵英国。而要保证船队航运的安全，就必须消除德国潜艇对大西洋的威胁。根据这种情况，盟国海军十分重视对潜艇"狼群"的作战，将海军兵力集中用于对商船队的护航和歼灭"狼群"方面。

德国潜艇部队还算是走运。因为盟军对于打击德国潜艇决心已定，但在打击方向和方式上却犯下错误，他们试图以飞机从空中攻击比斯开湾潜艇基地的方式达成目的。

不久之后，盟军获悉这种狂轰乱炸潜艇基地的方式，并没有给潜艇造成什么实质性的打击，U艇们仍频繁地出现，一如既往地实施着对盟国商船队的攻击。盟军于是转而实施所谓的"间接攻击"，即轰炸基地周围的设施与城市，试图通过切断基地与外界的联系来降低潜艇的战斗力。

从1月中旬开始实施的这种"间接攻击"，在某种程度上摧毁了潜艇基地四周的设施及市镇，然而对打击潜艇本身却收效甚微，结果变成了投入巨大、浪费严重但效果很小的空中轰炸。

☆ 偏向德国的钟摆

1943年1月，德国海军上层发生了一次很大的人事变动。1月6日，在德国统帅部召开的一次高级会议上，希特勒就1942年12月31日德国战列舰"力佐"号和巡洋舰"希巴"号未能完成一项攻击英国船队的任务一事，大发雷霆。海军总司令雷德尔元帅被剥夺了发言陈述的机会，遭到希特勒长达90分钟的训斥。最后，希特勒轻蔑地说："德国海军的巨舰都是废物！"

▲ 德国海军总司令雷德尔（右）视察德军潜艇。

　　一个星期后，考虑到长期以来与希特勒的意见不一致及这次遭受到的非难，雷德尔元帅给希特勒写了一封信，一是对所受到的指责作解释，二是要求希特勒在某些问题上给予独断行事的权力。

　　然而，希特勒不加理睬。气愤之下，雷德尔元帅于1月30日正式向希特勒提出辞职，希特勒立即照准，并下令由邓尼茨接任他的职务。

　　邓尼茨在接受这一职务时提出，他仍旧担任潜艇部队司令之职。他深信自己身兼两职对于德国打赢战争具有重要意义。他想扩大U艇的战果，并想把握战争的进程。

　　虽然邓尼茨知道自己所面临的任务很重要，也很艰苦，但他仍为能担任这一职务而兴奋不已：邓尼茨希望能随着自己职务的提升，影响能力也有所扩大；在过去的几年中，作为潜艇部队司令的邓尼茨不得不经常忍受德国的政治领导和国防军统

▲ U艇正浮出水面，军官用望远镜观察海上的情况。

帅部所坚持的大陆主义的态度,尽管雷德尔海军元帅多次进行规劝,但这些人仍没有认识到海洋对于德国的重要性,海军也没有及时和充分地得到为完成战争中举足轻重的作战任务所必需的兵力兵器。邓尼茨打算改变这种局面。

邓尼茨认为,要达到这个目的只有一个办法,那就是对希特勒施加影响。光靠书面报告是不够的,通过在领袖大本营里担任要职的将军来反映海军的要求也是不够的,必须由海军总司令亲自出面来说明。仅仅满足于在希特勒那里作一次简短的汇报也是不行的,应该长时间留在元首那里,直到一次汇报所产生的影响得到充分的巩固为止,这样可以激发希特勒生动的想像力,而不是"仅触及他的表皮"。

但是,从一开始邓尼茨就遇到了麻烦。当邓尼茨就任海军总司令的那天向希特勒汇报时,元首滔滔不绝地对邓尼茨讲了为什么要大型军舰退役的问题,并交给他一份由雷德尔拟定的大型军舰的退役计划。

邓尼茨看了这个计划后认为,这样做会在军事和政治上产生不良后果,因此提出放弃这个计划,并向希特勒作了汇报。希特勒听了邓尼茨的汇报大发雷霆,他万万没有料到邓尼茨这个一向要求大力支持潜艇战的前潜艇部队司令会持这种态度。他十分恼怒,虽然最后还是愤愤地同意了邓尼茨的请求。

也不知是何原因,希特勒对邓尼茨有着特殊的好感,以致在几年之后指定邓尼茨为他的继承人,邓尼茨是一个很有个性的人,他在希特勒面前从不唯唯诺诺。

希特勒对邓尼茨非常信得过。当其他人向希特勒提出对海军的建议或要求时,或在他面前以某种方式指责海军时,希特勒经常回答说:"海军元帅一定会尽快按要求去办的!"

这种关系的逐步发展,大大方便了邓尼茨对海军的领导,但是也给邓尼茨的地位带来了反作用,使邓尼茨面临其他军种和帝国当局的非难。

戈林喜欢在希特勒面前指责其他军种。他的这种行为给邓尼茨的前任雷德尔元帅带来不少困难。当雷德尔移交最高指挥权告别希特勒时,仅仅对希特勒提了一个要求:"请您在戈林面前支持海军和我的接班人。"

戈林经常把其他军种的失误当作头条新闻不切实际地告诉希特勒,因此邓尼茨与他之间多次发生冲突。最激烈也是最后一次冲突发生在一次大的形势讨论会上。

会议一开始戈林就报告,德国的快艇在英吉利海峡沿岸的某港受到英国飞机轰炸,损失惨重。造成这次事件的原因很可能是海军的快艇没有分散隐蔽,为了图舒服一古脑儿地集中在一起。

邓尼茨立即反唇相讥:"我不允许您抨击海军的事,元帅先生,您最好还是去关心关心您的空军吧,那里够您忙乎的。"

顿时会议室里死一般的寂静。后来希特勒宣布开会,才打破了这种沉闷的空气。会后,希特勒有意挑逗性地留邓尼茨吃早饭,而与戈林握手告别。打那次后,戈林再也不敢随意指责海军了,而且几天后他还出乎意料地给邓尼茨送来了用钻石做的航空兵徽章。

邓尼茨在接任海军司令前,就开始着手进行潜艇的技术改进和战术的改革。1942年,德国生产出被称为"乳牛"的大型输油潜艇,在海上为潜艇加油。这种输油潜艇载油430吨,可使12艘中型潜艇在海上逗留的时间增加4个星期,或使5艘大型潜艇的逗留时间增加8个星期。有了这种"乳牛",德国潜艇可以深入大西洋的任何海区、作战能力和参战率均有较大增长。

邓尼茨上任后,立即抓紧组织新型"瓦尔特"潜艇的批量生产。这种以燃气轮机为动力的新型潜艇,水下时速可达23海里。潜艇还装备了"T-5"式电动和自导鱼雷,射程可达594米,时速25海里。每艘潜艇都装备了可伸缩的通气装置,可一直在水下续航,使盟军雷达测位器不易搜索到。在潜望塔四周装备了保护物质,以干扰雷达的探测。潜艇的防空武器也得到了加强。

邓尼茨在研究了盟军的护航战术后,又对"狼群战术"作了进一步改革。将潜艇部署在大西洋、加勒比海、墨西哥湾海区,将原来在222海里至300海里正面的大艇幕作战改为3道至4道小艇幕,依次展开在航线上,由航空兵担任搜索,引导潜艇攻击目标。

▲ 胸前戴着十字勋章的德国潜艇指挥官正在接受采访。

邓尼茨企图通过一系列的调整改革，重新找回昔日在大西洋交通线上潜艇战的辉煌。

德国潜艇又在北大西洋对船队航线展开了攻击。一次，HX－224高速航行船队遭到攻击，有3艘被击沉。在被潜艇救起的英国海军军官之中，有一个在无意之中透露说，继HX－224船队之后两天，将又有一个船队经过这里。这是极有价值的情报。

两天之后，根据英国军官提供的情报，德国20艘潜艇在北大西洋"恭候"船队到来。不一会，奇迹出现了，远处由63艘满载重要军用物资的舰船组成的船队，如英军官说的那样，浩浩荡荡地向潜艇警戒线冲过来，船队的四周，至少有12艘以上的舰艇护卫兵力。

战斗一拉开就进行得非常激烈。有3/4的潜艇遭到深水炸弹的攻击，3艘沉没、2艘受伤。英船队损失更为惨重，13艘满载重要军用物资的商船被击沉海底。通过这次战斗，可以看出英国船队的护卫舰队训练素质低、作战能力不强。一场恶战下来，居然是潜艇占有优势。

2月21日，ON－166船队遭到攻击，4天之内丧失了14艘商船（8.5万吨）。这时另一支ON－167船队也被发现，立刻遭到潜艇更为猛烈的攻击。

在都利尼达德附近的海域，摩亚少校的U－124号攻击了一支船队，先后共击沉4艘（2.356万吨）盟军商船。

2月27日，HX－227高速航行船队受到攻击，被击沉1.4万吨。之后，SC－121船队也遭了殃，丧失了13艘舰船，6.2万吨。这些数字再加上其他零零碎碎的战果，1月份的总"战果"为39艘，20万余吨。2月份为63艘，35万余吨。

能获得这些"战果"的大部分因素，归功于德国海军总司令部代号为"B"的部门。每逢潜艇临战前，"B"部门总是能及时的倾全力破译出盟军船队使用的密码，并将密码内容迅速通告潜艇，使潜艇对船队的攻击做到有的放矢，连续创下巨大战果。

　　英国海军也对潜艇司令部的无线电波，做出了倾尽全力的破译工作。这种间接的战斗，犹如猫捉老鼠游戏一样有趣。例如，当盟军获知了潜艇所在地，及时改变船队航线时，侦察到这种无线电波的德军"B"部门，立刻会指使潜艇绕到船队的前列。而盟军的无线电又破译了潜艇的行动，船队又会再次改变航线。就这样一会儿是潜艇等船队，一会儿是船队躲潜艇，最后谁战胜谁，那就是英德两军破译机构之间的较量了。谁先赢得信息、赢得时间，谁就在这场较量中占优势并取得胜利。

　　为此，德英两军对这项工作都投入了极大的精力、智力、才力，他们各自都挑选出类拔萃、精明强干的优秀人才担任这种复杂、事关重大的情报侦察工作。

　　3 月 5 日，SC － 122 运输队从纽约出发。途中遇到风暴袭击，该队 60 艘船只中的 6 艘商船不得不于 3 月 8 日驶入哈利法克斯港口。同日，由 40 艘船只组成的 HX － 229 运输队也出发了。

　　为 SC － 122 运输队护航的有 2 艘驱逐舰、1 艘护卫舰和 5 艘驱潜快艇，为 HX － 229 运输队护航的有 4 艘驱逐舰和 1 艘驱潜快艇。两支船队分别沿格陵兰和冰岛的北航线，向东行驶。

　　这时，船队指挥官接到与他们反向航行的 ON － 170 运输队的护航飞机和舰艇的电报，说在这个地区发现并听到德国潜艇的无线电信号。指挥官当即决定将这两支运输队转入南部航线，并通过无线电给运输队指挥官下达了指示。

　　不幸，这些改变航线的命令均被德国"B"部门破获。邓尼茨如获至宝，立即开始调兵遣将。他下令"劳布格拉夫"潜艇群从能见度极差的纽芬兰和格陵兰间的海域撤出，快速前往占领横越在 SC － 122 运输队新航线上的有利位置。他修正了"粗暴者"和"压迫者"两个潜艇群的航向，命令 11 艘潜艇组成的"压迫者"号潜艇群前往 HX － 229 号运输队的航线开战。

　　由于风暴太大，"劳布格拉夫"潜艇群没能及时赶到指定位置。到 3 月 15 日傍晚，SC － 122 运输队已经到了巡逻线以东海域。在这以南的航线行驶的 HX － 229 运输队也越过了潜艇巡逻线的南端。

▲ 英国船队航行时拖着阻塞气球以防止德国飞机的袭击。

要不是返航的U－653号潜艇无意中在侦听装置上听到了HX·－229船队商船发出的宽带噪声，这两支运输队想必可以避免这场临头大祸。

邓尼茨一接到U－653号艇的报告，就向现场派遣了"劳布格拉夫"狼群中的8艘潜艇、"粗暴者"狼群中的6艘潜艇和整个"压迫者"狼群，命令它们赶在已被发现的HX－229运输队的前面建立一道巡逻线。

大风暴狂啸不停，由东向西席卷着北大西洋海面。洋面上波涛汹涌，一浪高过一浪。为SC－122护航的一艘反潜拖网船"坎波贝洛"号被浪峰掀翻，船底朝天；商船难以保持在运输队中的位置，两支运输队中都有单个或成群的船只掉队。

3月16日中午，"劳布格拉夫"潜艇群中的几艘潜艇发现了从HX－229运输队中掉队的船只，寻迹追踪，很快发现了这支运输队。从夜间23时至次日早晨6时，德国U－603号潜艇、U－758号潜艇、U－435号潜艇、U－9l号潜艇和U－600号潜艇利用夜幕的掩护，从不同方向逼近运输队，发起水面攻击。结果击沉6艘商船，重创4艘。U－91号潜艇仍不放过受伤的商船，它钻入水下，对所有受重创的船只以最后一击，使它们沉入大海。

同日晚上，北面的"粗暴者"潜艇群发现了SC－122号运输队。U－384号潜艇和U－631号潜艇一阵攻击，4艘商船被击沉。

在随后的三天里，德国潜艇群像一群群饿狼扑入两支船队，撕咬着孤助无力的"羊羔"。有限的护航舰在海面上疲于奔命，可是"狼"和"羊"都太多了，它们顾此失彼，应接不暇，商船接二连三地被击中或被击沉。

19日黎明时，"解放者"式远程轰炸机从960公里外的冰岛和北爱尔兰的基地起飞赶来，对德国潜艇发起攻击。U－384号潜艇当即被炸沉，U－338号潜艇、U－44I号和U－631号潜艇受重创，其他潜艇见势不妙，赶紧潜入水下。商船得救了，船员们一片欢呼，热烈地向飞行员们挥动双臂，订出表示胜利的V字形手势。

这时，两支运输队也汇拢到了一起。一些护航舰只从冰岛全速赶来，护航舰增加到了18艘，其中有英国、加拿大和美国的驱逐舰、英国的护卫舰和海岸炮舰、英国和加拿大的驱潜快艇以及美国海岸警卫队快艇。因而，尽管风暴停止，月光明亮，德国潜艇却没有机会再攻击商船了，除了U－666号艇击沉一艘商船外，其余7艘潜艇都被护航舰的深水炸弹赶跑了。

看来作战前景不佳，邓尼茨命令潜艇在20日的拂晓时停止攻击，向西撤走。

这场战斗是德国潜艇对盟国护航运输队的作战中规模最大、最成功、击沉商船数最高的一次作战。两支船队共90艘商船中，被击沉22艘商船14.6万吨位和1艘护卫舰，被重创9艘船只。邓尼茨和他的艇员们士气大增，深信大西洋海战，他们已稳操胜券。

德国间谍机构也紧锣密鼓地配合，密令安插在各地的间谍，不择手段，搜集有关盟军护航运输队的情报。在巴西萨尔瓦多港，有一个神秘的酒吧女郎，金发碧眼，秀丽苗条，人称"美人鱼"。BT－6护航运输队一艘商船的大副跟这位"美人鱼"一见钟情，没几天就如胶似漆，难舍难分了。

3月1日，BT－6护航运输队离港不久，就被德国潜艇跟踪，击沉一艘商船。以后几天，更是一路坎坷，多灾多难，总也甩不掉德国U艇。船员们异常恼火地说："简直像是鬼魂附体！"待该船队到达目的地时，所剩商船已寥寥无几。事后，据英国情报机构调查，原来，那位迷人的"美人鱼"是个德国女间谍，专靠结识盟国船员来套取情报。

钟摆明显偏向德国，形势对盟军大为不利。3月上旬，盟军有41艘船共22.99万吨被击沉；中旬，又有44艘船共28.2万吨位被击沉。3月份的损失很可能大大超过1942年11月份盟军船只的最高损失率。

而且，更令人不安的是，过去大多被击沉的商船是单独航行的船只，编成运输队后损失率大大下降。可是3月上、中旬被德国潜艇击沉的85艘船只中，至少有67艘是在有护航舰的运输队中被击沉的，其中41艘是在北大西洋航线上。这意味着，通过改变航线来规避德国潜艇的战术已毫无意义了。由于德国作战潜艇日益增多，邓尼茨在北大西洋部署了120艘潜艇，改变航线只意味着从一群潜艇的魔掌落

▲ 美国海岸警卫队的舰艇正在救助被击沉的U艇上幸存的官兵。

入另一群潜艇的魔掌。

难道要放弃护航系统？！

英国海军历史学家罗斯基尔上校在回顾这一危急情况时这样写道："如果护航系统已经失去作用，英国海军部会转向何方？""他们不知道。但他们肯定会感到，失败已经迫在眉睫，尽管谁也没有承认。"

英国海军部在评价德国潜艇部队的这一战果时，得出如下的结论：

"在1943年3月最初的20天之内，德国致力于封锁连接新世界与旧世界的交通线，如今，眼看着他们就要恶狠狠地把它切断了。"

撇开被击沉的舰船数量不说，盟军也免不了有一种被狠狠打击了一下的痛疼感，因为组成船队航行的舰船，竟有2/3被潜艇击沉。

这个事实,是否意味着潜艇已经否定了船队的航行方式呢?或者说潜艇迫使盟军不得不放弃船队运输?如果答案是肯定的,那么,能用什么方式代替船队航行方式呢?在美国沿岸外海的"黄金时期"单独航行的舰船差不多都被潜艇吃掉了。

在1943年以前的大西洋之战,胜利始终是属于潜艇的。如果在这之后,潜艇仍能够创造出相同的战果,那么,这也意味着那根连接盟国之间的生命线将被勒紧甚至掐断,所有原材料、燃料,以及粮食供给将通通被切断,用于反攻欧洲的武器装备也将遭到致命的损害。

就在柏林满怀喜悦之情,眼巴巴地期盼大西洋的战局把轴心国引上胜利之路时,大西洋的钟摆突然以令人惊讶的速度朝相反的方向摆动。

☆ 大潜艇群伸出狼爪

1943年3月底,对屡屡得胜、骄横于大西洋的德军潜艇来说,突然出现了不祥的阴影。盟国海军新式武器——航空母舰在大西洋上亮相。

盟国的船队护航舰队配置了航空母舰。这样一来,航空母舰舰载飞机就能够阻止潜艇群对船队的攻击了。1941年,盟国在地中海水域曾使用改装母舰"奥达西第"号护卫船队,结果却被潜艇击沉。现在,在大西洋上的船队护航舰队也要配备航空母舰。

自从在大西洋出现了航空母舰,潜艇的活动便屡遭母舰舰载飞机的攻击,盟军以最快的速度把天空的"间隙"填满了。到了3月底,盟军以数艘护卫舰艇编成了一支独立的支援舰队。

这支支援舰队与航空母舰,在编成之初参加了登陆北非的"火把"作战行动,这项作战结束,立即被转移到大西洋,参加大西洋的对潜作战。这些兵力对潜艇构成了巨大的威胁。

所谓的支援舰队，就是以驱逐舰、高速护卫舰等组成的舰队，舰上乘员皆是经过百战，意志坚强、有勇有谋的官兵。

支援舰队并非属于特定的某支船队，它无非是像"巡警"一样，担负着船队的安全任务。

支援舰队一抵达大西洋，船队所属的护卫舰艇就没有后顾之忧了，它们有了靠山似地昂着头，全力以赴地对付潜艇，向偷袭潜艇投以大量的深水炸弹，潜艇从此逐渐受损，开始了它们走向低谷的滑坡时期。

这时候，英国海军又想出一招妙计，那就是在谷物运输船、油轮上设置飞行甲板，装载3至4架号称"刀鱼"的攻击机（二次世界大战中，英海军最具代表性的复叶攻击机）。此种"刀鱼"攻击性很强，并能飞回改装的母舰甲板上。因此，比起1941年夏季的商船母舰（装载着"暴风雨"战斗机及发射台）来，对潜艇的威胁更大。

3月过去后的两个星期，大多数潜艇为了补给休整，返回了基地。并准备将这段时间潜艇没有在大西洋活动的"空白"，在4月中旬补满。因此，当潜艇返回战场时，北大西洋聚集了许多不曾有过的数艘潜艇，它们在基地加足油后，试图再创昔日的辉煌。

一场惊心动魄的激战在大西洋展开了。

3月26日傍晚，SC－123运输队前面的几艘舰船从赞尔韦尔角东南，驶入德国"安康"潜艇群的中间。U－663号和U－564号潜艇几乎同时发出了"与敌接触"的信号。

U－663号艇浮上水面，正要瞄准一艘商船，猛然间看到一艘英国驱逐舰的黑影迎面冲过来。翘首浪花四起，速度相当快。U－663号艇长忙不迭地喊道：

"紧急下潜！"

U艇刚潜到潜望镜深度，四周就响起深水炸弹接二连三的爆炸声。潜艇剧烈地

THE BATTLE OF THE

ATLANTIC 二战经典战役全记录
魂归大西洋

▲ 每艘补给船上都配备有无线电接受器和大炮。

震荡起来，艇内照明中断，艇员被摔出战位。潜艇失去控制，径直朝下滑去。

纳粹士兵顽强地与危险进行着搏斗，摇晃着爬回各自的岗位。应急照明灯灭了，潜艇在180米深处止住了下滑。可是，这会儿，它再也不敢动窝了。

德国艇长心里直犯嘀咕："真见鬼！怎么这驱逐舰好像早发现了我们似的。"

他没猜错。这艘驱逐舰是支援舰队的舰艇，该舰队都装备了新式高频测向仪，对付惯于夜间袭击商船的德国U艇非常有效。

其他潜艇的命运也不比U－663号艇好多少，它们还没有来得及发出有关该运输队的航向和速度方面的新信号，就被援舰队的舰艇一个个地赶入海底。SC－123号运输队安然突破了潜艇巡逻线。

袭击HX－230护航运输队的德国"鲶鱼"潜艇群也同样碰了壁。支援舰队抵达作战现场后，HX－230船队的护卫舰没有了后顾之忧，可以专心对付U艇，不许它们靠近商船。随后赶来的支援舰队把那些虎视眈眈的"狼"一气儿就给赶跑了。

进入4月后，德国在北大西洋航线上的潜艇数量达到了整个海战的顶点。邓尼茨动用60艘潜艇部署成4条延伸的巡逻线：由16艘潜艇组成的"燕八哥"潜艇群潜伏在冰岛的西南方向，等待ONS－5运输队，由18艘潜艇组成的"啄木鸟"潜艇群在纽芬兰东北海域搜索SC－127号护航运输队；在"燕八哥"潜艇群南面的是新成立的"山鸟"潜艇群，其组成全部是刚刚下水的潜艇，此时正开往西南方向，以迎击HX－235运输队；第四个"画眉鸟"潜艇群由13艘新潜艇和毫无经验的水兵编成。该潜艇群配置在西班牙和比斯开湾以西直布罗陀航线上，以截击为避开德潜艇而转航的运输队。

邓尼茨的这一布局，将其所知道的英美在大西洋的每条护航航线都遮拦住了。

英国布莱奇德情报机构已取得了对德国B部门的优势，邓尼茨的兵力部署很快成为公开的秘密，一清二楚地标在英国海军部的作战图上。盟国的运输队都安全地通过了危机四伏的"狼群"陷阱。只有0NS－5号运输队与"狼群"遭遇了。

0NS－5护航运输队有43艘运输船，3艘驱逐舰、5艘护卫舰和2艘担负救护的武装拖网船。4月22日驶离英国克莱德河口，分11路纵队逆风前进，取偏北的航线避开德国潜艇经常活动区，横渡大西洋开往加拿大、美国等港口。

4月28日，东边地平线上一轮红日跳出云雾，驱散黑暗。大海显得分外宁静，好像还未从睡梦中醒来。浪花轻轻拍打着船舷，发出"哗哗哗……"的叹息声。ONS－5运输队怎么也没想到，此刻，一对"狼眼"已经盯上了它们。

位于"燕八哥"潜艇群巡逻线员北端的U－650号潜艇，发现了正要擦边而过的船队，立即通报给它的伙伴。空守多日的潜艇，个个都像饿急了眼的狼，迅速向目标集结。

可惜天不作美，突然变了脸。大风拉起黑沉沉的云幕，海上翻腾着惊涛骇浪，浪峰高达10多米，忽而将船只抛向峰顶，忽而将船只甩入浪底。由于能见度差，潜艇未能发现运输队。

黄昏时，潜艇按规定向柏林拍发电报，报告当日情况，不巧，被英国驱逐舰上的高频无线电测向仪截获，露出了狐狸的尾巴。

护卫舰艇采取先敌攻击的"威吓战术"，一个猛虎下山，分头冲向测定的位置。德国潜艇个个忙不迭地钻入水下，再也不敢轻易露面。别说是攻击商船了，连大气儿都不敢出，停止向柏林报告海上情况。

失去了总部指挥的潜艇群根本捏不成个团，只好化整为零，各自为战。

29日黎明时，一直咬住ONS－5运输队不放的U－650号艇充当现场指挥，引导U－258号艇击沉一艘运输船。还没等它们高兴起来，一架从冰岛起飞的"卡塔利纳"式飞机已飞临U－258号艇上空，接着似老鹰扑食，猛然降下高度，在15米的高度投下4颗深水炸弹。潜艇艇首中弹，退出战斗。

30日，运输队进入以格陵兰的伊维塔持为基地的近程航空兵的掩护范围。护航运输队散布在30平方海里的海面上，巡逻飞机像守护神似的在上空飞翔，昼夜不停，德国潜艇没敢轻举妄动。

第一个回合，德国潜艇失利，2艘潜艇受伤；盟国船队损失一只商船。

邓尼茨不甘失败,重新开局。他将"啄木鸟"和"山鸟"两个潜艇群合并,把这个30艘潜艇组成的"狼群"在运输队可能行驶的航线上部署成一条新月形的巡逻线,这样一来,就把ONS－5的每一条可能的航线都遮住了。"画眉鸟"群潜艇增至21艘,分成4个分群。两个分群横跨该运输队的航向;另两个分群沿南北方向占领阵位,这样既便于攻击运输队,又便于截击其他航行偏南的运输队。

邓尼茨给他的猎手们下了死命令:

"不要过高估计敌人,要把它捏死在告别角至弗勒密文沙滩之间!"

5月4日入夜,风平浪静,护航运输队在微波起伏的海面上缓缓行驶。在北极光的衬托下,运输船的轮廓清晰可见,一览无余。

也许是由于5月2日下午由圣约翰斯出发的第三护航支援舰队与运输队会合的缘故,ONS－5运输队异常沉着镇定。它们排成横宽纵短、多路纵队的队形,船与船之间相距3~5链,警戒舰配置在距运输船20链左右的地方。这种队形使警戒舰游刃有余,既能保障及时发现潜艇,占领有利射击阵位,又便于及时击退其攻击。

此时,大潜艇群已暗暗伸出了狼爪,把护航运输队团团围住。它们三五一群、两艘一组地从四面蜂拥而上。

护航队指挥官台伍德海军少校暗吃一惊,从来没见过这么多的"狼",密密麻麻,虎视眈眈,简直就像闯入了鳄鱼群。

显然,护航舰队处于劣势。可是他们毫不示弱,所有的护卫舰艇像凶猛勇敢的牧羊狗,哪里有潜艇,它们就扑向哪里,直到把潜艇赶得远远的为止。支援舰队的驱逐舰穷追不舍,痛打落水狗。"平克"号驱潜快艇发现U－192号潜艇后,连续追击3小时40分钟,前后用"刺猬"式深水炸弹进行了7次进攻,终于成功地将它击沉。

加拿大皇家空军驻甘德第5中队的"坎索"式飞艇闻讯及时进到,为运输队提供空中保护。德国U－630号潜艇刚一露头,就被一艘飞艇炸沉。U－438号艇也挨了炸。

在这场激烈的混战中，U艇频频发射鱼雷，但是仅仅击沉7艘运输船；德国损失2艘潜艇，被击伤数艘。双方打了个平手。

邓尼茨暗暗思忖，运输队离纽芬兰越近，得到的空中掩护就越强，必须赶在5月6日之前聚歼该运输队。他电令潜艇群在5日至6日进行最后一战，并要求潜艇宁可在水面与敌方飞机作战也不要下潜，以保障对商船的攻击。

6日早晨，15艘潜艇展开完毕。此时，海上大雾笼罩，能见度降到100米左右，德国潜艇变成了"近视眼"，清晰可见的商船轮廓消失了。它们闯进迷雾进行攻击，真好比是"雾中看花"，模棱两可。

护航舰上的厘米波雷达可显灵了，德国潜艇的位置一清二楚地出现在雷达荧光屏上。德国潜艇看不见护航舰，护航舰却知道它们。每当潜艇好不容易进入了攻击位置，却发现早已被护航舰"挡驾"，接下来便是一连串的被动挨打。U-267号艇全凭自己的高速度才避开"珍珠莱"号驱潜快艇的炮火袭击。

U-638号艇潜入水中，却被深水炸弹摧毁。U-125号潜艇正寻找目标，冷不防被大雾中冲出的"奥里比"号驱逐舰撞了个满怀，指挥塔后面的部位几乎散了架，接着，"雪花"号驱潜快艇冲上来一阵炮火，将它送入海底。

正打得热闹处，第一支援舰队的5艘舰只开到。冲在前面的"塘鹅"号海岸炮舰的雷达一下子捕捉到德国U-438号艇，劈头盖脸一阵炮火将它击沉。

德国潜艇连连损兵折将，一向靠隐蔽突然性占便宜的U艇，如今全部暴露在盟国护航舰的荧光屏上，只有被动挨打的功夫了。

邓尼茨接到潜艇艇长们的告急电，预感到情势不妙，若待中午雾散，反潜机临空，潜艇的后果更是不堪设想。他咬牙下令，停止这次作战。6艘潜艇已无回音，还有4艘严重损伤。

ONS-5护航运输队仅以损失13艘商船的代价，挫败了德国封锁大西洋北航线的企图。

德国潜艇司令部5月6日的战争日记中写道：

▲ 遭到重创的德国潜艇终于浮出水面，盟军官兵准备营救幸存者。

　　夜幕降临前约2小时突然下雾，而且越来越浓。于是今晚大好战机便化为乌有。几乎所有的潜艇都与敌人失去了接触。凌晨4点最后一次看到护航运输队。如果这场大雾迟6小时降临的话，肯定可以击沉很多商船。然而大雾夺走了良机，潜艇再无获胜的希望。在大雾弥漫的情况下15艘潜艇遭到了深水炸弹的攻击。其中6艘在雾中还受到驱逐舰火炮的突然袭击。没有办法对付敌雷达搜索。毫无疑问潜艇已陷入失利、无望的境地。

邓尼茨不得不承认潜艇遭到了失败。他在同一天的战争日志中写道：

　　敌人安装在飞机和水面舰只上的雷达不仅极大地妨碍了单个潜艇的作战，而且还使敌人本身有机会发现潜艇的待机位置而设法加以规避。隐蔽性——这一潜艇最重要的优点，现在却有丧失的危险。

敌人的空军现在几乎已能对整个北大西洋海域的运输队提供空中掩护。我们可以料定，留下的"黑洞"，敌人不久将会利用岸基飞机或舰载飞机加以填补。

这种形式的护航作战，当以大量飞机在运输队周围广大地区实施时，总是导致潜艇绝望地落在运输队的后面，再也不可能取得任何战果，尤其是海空护航巧妙合作时更是如此。

用新的定位方法和威力大得多的深水炸弹，对下潜的潜艇实施的作战与攻击也变得更为猛烈。敌人拥有的护航舰只日益增多，结果使潜艇作战日益困难。

显然，邓尼茨已经认识到了他所面临的困境，但是，现在他还不愿意承认这一点。一方面，这是因为虽然他损失了7艘潜艇，但是根据艇长们的报告他也击沉了17艘商船。当然他并不知道这是一个夸大了的战果，在他的记载中，他仍然把5月初的作战称"ONS－5号运输队的灾难"；另一方面，当时德国宣传机构所营造的气氛使他根本不能面对这样的一个现实，承认这一现实就等于承认垂手可得的胜利已经从他的身边溜走了，这将是一个严酷的现实。所以他的结论是：

"一次这样的失败当然不足以成为根本改变政策的理由。战斗虽然将更加艰苦激烈，但估计仍有取胜的希望。"

从5月15日到30日，4群潜艇继续进行作战。这次激战不但没有战果，反而还损失了5艘潜艇。战局发生了本质性改变。SC－130船队虽然在北大西洋仍受到潜艇的威胁，但似乎是潜艇被摧毁前的回光返照了。

邓尼茨现在正面临着决定性的重大考验。考虑到盟军警戒技术的进步，护卫舰队的战斗力增强等，邓尼茨认为应该把潜艇从战场上撤回了。

1943年5月24日，邓尼茨下令潜艇从船队航线上全部撤退。这一天是称雄于世、在"大西洋之战"中留下赫赫功绩、威震四海的"海之狼"——德国潜艇部队被盟军第一次制服的一天。

这一天对于德国海军是灰暗的一天。

在8个星期之前，还一心想获胜的潜艇，如今被迫采取守势。护卫船队经过拼命努力，终于从开战以来一直处于被动挨打的地位转入了优势，占了上风。

伦敦，唐宁街10号。

丘吉尔正在办公室看着海图。这几天来，他收到这样的报告实在是太多了，海军部、岸基航空兵司令部、一些私人的消息渠道……他的海图上早已经标满了击沉德国潜艇的位置，刚才他还通过电话和罗斯福总统互致了祝贺。

突然，电话铃响了。丘吉尔拿起了电话，是西部海口地区司令马斯·霍顿上将。

"首相阁下。我刚刚接到报告，SC－129和HX－237号护航运输队已经全部到达，所有的损失只有5艘商船，2.9万总吨位。SC－130和HX—239号编队也快要进港了，它们的状况要更好一些，确切地说是无一损失。这简直是奇迹……

"首相阁下，我们现在还没有查清德国的潜艇都躲到哪里去了，因为海上已经看不到它们的影子。另外，海上的战果……"

马斯·霍顿说起来没完没了，丘吉尔忍不住打断了他的长篇报告：

"现在，我来告诉你，德国的潜艇已经撤退到了亚速尔群岛以西。本月的全部战果是41艘潜艇。我们会尽快让全世界都知道这个数字。"

对于大西洋上5月作战，英国人写道：

"这场战役决不会再打成如1943年春天那样令人不安的力量均衡状态。确切地说，这里所提到的胜利就是这场战争中一个关键性的转折点。这场已经连续45个月的战役要比我们的后人所能想象的厉害得多，激烈得多。"

第 9 章　　　　CHAPTER NINE

乌鸦啄地洞

此时的邓尼茨一直在等待着希特勒最严厉的训斥，他早就听说过，当作战发生失利的时候，即使一些
最高级的指挥官也会受到严厉的惩处。邓尼茨很清楚，从现在开始，潜艇战不再是单纯的破交战和吨
位战，而是与德国整个的战略形势紧密相连，与德国的命运休戚与共。从此，在盟军的海战记录中，这
一段历史就以"比斯开湾大屠杀"而著称于世。邓尼茨感到这简直就是一种讽刺：潜艇打不到商船，居
然打起飞机来了。

☆ 绝不允许放松潜艇战

1943 年 5 月 31 日，邓尼茨飞赴柏林，向希特勒报告海战局势。

一辆轿车把他从机场载往"狼穴"大本营。一路上，他两眼看着车窗外，一声不吭。

此时的邓尼茨一直在等待着希特勒最严厉的训斥，他早就听说过，当作战发生失利的时候，即使一些最高级的指挥官也会受到严厉的惩处。当年，在俄国战场上，德国陆军在莫斯科第一次遭到挫折时，著名战将博克、陆军总司令布劳希奇都受到了严厉的处分，布劳希奇甚至被撤职。对此邓尼茨几乎作好了一切准备，当然，他也准备为自己的指挥作出辩解，同时也带来了下一个阶段的作战设想。

不一会，车子进入一片茂密的森林，浓密的枝叶把阳光过滤成丝丝缕缕的微光，散落到林间，周围散发着阴暗潮湿的腐叶味。他意识到马上就要到元首的总部了。

进入会议室，邓尼茨看到他的元首手拿放大镜俯身在办公桌上，他仔细看着地图。听到脚步声，他抬起头来，出乎邓尼茨的意料，元首并没有像他设想的那样暴跳如雷，只是沉着脸一言不发地听着邓尼茨的作战汇报：

"目前潜艇战危机的根源在于敌人的飞机显著增加。在冰岛至法罗群岛海峡，现在一天所动用的飞机就相当于数周前一周内所出动的数量。此外，由于北大西洋的护航队使用了航空母舰，以致北大西洋的所有海峡现在都受到敌人飞机的监视。但仅仅是增加飞机还不足以造成潜艇危机。关键在于飞机使用了一种显然也用于水面舰只的新的雷达装置，能够在浓雾密云中，在阴天或夜里测出潜艇方位，然后出

▲ 希特勒与海军将领在一起。

其不意地发起攻击。如果飞机没有这种装置,那它是绝不能在茫茫大海和漆黑夜晚测明潜艇方位的。"

希特勒一言未发,静静地听着。邓尼茨小心翼翼地看了他一眼,接着说:"我们现在武器技术方面遭到了失败,对此必须有个对策。但潜艇战还能发挥多大作用,取得多大战果,这还无法估计。敌人在海上和空中的防御力量还将增加,至于增加多少,对我们来说却是个很大的未知数,也难以确定。1940 年,一艘潜艇每个航海日击沉敌船的吨位约为1,000 吨,1942 年底则约为 200 吨。从这里可以清楚地看出,敌人增加了防御力量,我们潜艇的作用减小了。尽管如此,但我仍然认为,即使潜艇战不再能达到获得较大战果的目标,但潜艇战必须继续下去,因为潜艇战所牵制的敌人力量是十分巨大的……"

"绝不允许放松潜艇战！"希特勒突然神经质地打断邓尼茨的话，斩钉截铁地说："目前，我们的陆军不得不在各条战线上坚持艰巨的防御战，盟军对德意志帝国本土的空袭有增无减。大西洋是我们重要的前沿阵地，即使我必须在那里进行防守，也比我在欧洲海岸进行自卫要好。即使潜艇战不再能取得重大胜利，但它所牵制的力量却是非常大的，我不容许敌人把这些力量腾出来。"

邓尼茨很清楚，从现在开始，潜艇战不再是单纯的破交战和吨位战，而是与德国整个的战略形势紧密相连，与德国的命运休戚相关。哪怕打到只剩最后一艘潜艇、最后一个人，也要打下去，因为潜艇战能使盟军消耗比德国多几倍的战争力量，能牵制住盟军数倍于德国的力量。

洛里昂，德国潜艇部队司令部。

从柏林匆匆赶来的邓尼茨一到洛里昂，就急着召开了一次作战会议。和往常的会议不同，这次参加会议的都是比斯开湾沿岸一线潜艇部队的主官。他们有西线潜艇部队指挥官勒辛海军上校、第9潜艇支队司令勒曼·维伦布罗克海军少校、第10潜艇支队司令库恩克海军少校、第7潜艇支队司令佐勒尔海军少校、第6潜艇支队司令舒尔茨海军少校和第3潜艇支队司令察普海军少校。

会议的惟一议题是：如何继续坚持潜艇战。邓尼茨首先发言：

> ……严重的损失和作战的失利使我们遇到了一个开战以来最难决断的问题：是从所有海域撤出潜艇，停止潜艇战呢？还是应当不管目前的不利战况，继续让潜艇随机应变地作战呢？我们必须考虑，在目前所有的战线上德国军队均居于守势，在陆军部队正处于艰苦防御的情况下，在敌人对德国国土的轰炸日益加剧的情况下，我们停止潜艇战对整个战争形势会产生何种的后果。
>
> 潜艇战曾迫使那些海军强国以护航运输队的方式进行海上运输。据

他们自己的说法，这样较单独航行的商船运输吨位要减少1/3以上。商船结队同时到港引起装卸方面的麻烦，又产生了浪费。

为了反潜，敌人不得不在所有的海域出动数以百计的军舰和数百架的飞机。这些舰艇和飞机又需要庞大的船厂、仓库、基地和机场，包括大批地勤人员、工人和数不清的物资。

如果我们停止潜艇战，那么敌人这样巨大的兵力将会用到什么地方呢？那样，往日用于反潜的数百架轰炸机就不会在大西洋所有的海域上空飞行以防御潜艇的攻击，而是载着炸弹去轰炸德国的城市，就会给那些平民带来损失和伤亡。

再不然，如果我们停止潜艇战的话，敌人将用这数百艘舰艇去切断我们在北海和通往挪威的沿海交通。那么我们在挪威的军队将失去德国的补给而无法生存。

现在，我来问你们，难道我们能容忍上述的情况发生吗？

难道我们可以对此熟视无睹吗？

难道我们可以对妇女和孩子说，他们必须忍受这一切，我们作为军人不愿意再承担牵制这支轰炸力量的必要义务了吗？

问题是明确的，答案也是明确的。

现在，我想问一下，你们准备做出什么样的答案？

同一天，德国潜艇部队作战日记中写道：

"为了积极防备潜艇，敌人消耗在海军部队和空军部队的无数人力、物力和能量越来越大。取消吨位战的威胁，肯定会使敌人把难以估量的战争潜力投入到其他地方……即使潜艇战不能完全克服当前的困难，不能再取得以往那样的胜利，但是仍然必须全力以赴地进行下去。因为潜艇战能使敌人消耗比我们多几倍的战争力量或牵制住敌人数倍于我的力量……"

☆ 乌鸦怎样抓住鼹鼠

英国，岸防航空兵司令部。

岸防航空兵司令部正在召开作战会议，研究下一步作战任务。岸防航空兵司令斯莱塞中将主持会议，参加会议的有各航空兵部队的长官。斯莱塞中将首先发言：

"德国的潜艇在一夜之间突然在大西洋上消失了，这对护航运输队来说是一件再好不过的事情了，但是对昼夜在海上巡逻的航空兵部队来说却是一个严重的问题，我们找不到目标了。今天为此专门召集大家，研究一下对策。"

轰炸机部队长官们迫不及待地要求将他们的部队转用轰炸德国本土，对于这些人来说，能够把炸弹直接扔到德国人的头上，那才真是一种最刺激的作战。但是，这种意见却遭到了轰炸机第19大队司令布罗米特空军少将的坚决反对：

"这真是一种愚不可及的短见。刚刚取得了一点胜利，只有几天，就认为德国人该举手投降了。邓尼茨手里还有400艘潜艇！只要他的这点本钱还在，我们就别想舒舒服服过日子。德国潜艇没有了？笑话！这要靠我们去找。到哪里去找？哪里潜艇基地最多就到哪里，要打狼就要到狼窝里去。邓尼茨不是说过：乌鸦抓不住鼹鼠，飞机也消灭不了潜艇吗？我们就要让他看一看，乌鸦是怎样抓住鼹鼠的！"

会议结束后，斯莱塞中将在给同盟国参谋长联席会议的备忘录中写道：

"比斯开湾是大西洋上德国潜艇威胁的主干，它的根部扎在比斯开湾的港口中，它的枝干又长又广，伸向大西洋的护航运输队，伸向加勒比海，伸向北美洲的东海岸……"

比斯开湾是一个狭长的海域，它的东面和东北面是法国的海岸，南面是西班牙海岸。海湾不宽，由东到西约300海里，但直通大西洋。它是德国3/4的潜艇往返作战的必经之路，也就是约翰·斯莱塞所说的"德国潜艇威胁的主干"。

早在1941年夏季开始，布罗米特的岸防航空兵第19大队就一直奔波在这条主干，虽然用了两年时间，但是，看不到他们努力的成果。在第19大队的作战记录上，最好的战果是每月3艘潜艇，而且大部分的月份中，他们的战果干脆就是零。直到1943年5月，第19大队的账目上突然出现了击沉6艘、重伤6艘的天文数字。

7月份的开始似乎平淡无奇，7月2日第422中队的一架"解放者"式飞机击伤了一艘德国潜水油船，迫使它一瘸一拐地返回了波尔多。但接下来的战斗就变得惊心动魄起来。

7月8日，大西洋上的天空万里无云，如果在战前的和平日子里，比斯开湾上一定挤满了各种各样的大小船只——捕鱼的、旅游的、过路的……然而，现在人们可以看到的只有碧蓝的海水和偶尔出现的德国潜艇。

一架"解放者"式飞机平稳地飞行着，已经到达了巡逻线的尽头，目标还没有出现。

驾驶这架飞机的正是布洛克空军少校。布洛克刚刚度过了7个月的假期，在"休假"期间他曾经试飞过装备了"利"式探照灯的"解放者"飞机，试验过装在这架飞机上的新型空对舰火箭弹。布洛克一向对新发明很感兴趣，他所驾驶的这架飞机上携带着一批最有威力的：新型反潜武器——8枚刚刚试验过的火箭弹、8枚深水炸弹、1枚MK－24型自导鱼雷，这简直是一个小型机载武器库。

飞机开始向返航的航线上转弯了，就在这时，左炮手G·坎贝尔空军中尉在他一侧的海面上发现了一艘潜艇正在向南驶去。

飞机一个漂亮的转弯便进入了潜艇的正横攻击位置。

水面上的潜艇是奥夫尔曼艇长的U－514号，由于一点技术故障的原因，它和一同出航的艇群失去了联系，正在水面上孤独地航行着，潜艇的柴油机突突作响，为舱下的电池充电。也许是柴油机的噪音太大，艇员们谁也没有听见正在临

▲ 英军的远程飞行战斗机在为商船队护航。

▲ 英军的攻击机在大西洋海战后期发挥了巨大的作用。

▲ 英国海军将领正在视察护航舰队。

近的飞机声。

布洛克仅用了几秒钟就驾驶着飞机进入了攻击,透过驾驶舱前的挡风玻璃,布洛克清楚地看到下面的潜艇正不慌不忙地向南行驶,一点也没有下潜的意思,现在布洛克屁股下面的武器库已经对准了快要冲到的潜艇头上了。

730米,布洛克发射了第一对火箭弹,潜艇仍然完全浮在水面;一分钟以后,从549米的距离上又发射了第二对火箭弹;紧接着又在457米的距离上进行了最后一次齐射,发射了剩下的4发火箭弹。

布洛克拉起操纵杆,将俯冲中的飞机拉了起来。就在这时,炮手看见一个火箭弹从潜艇那边的水中钻出来,几乎可以断定,这个火箭弹已经穿透了艇体的水线下部。

潜艇竖起来,沉入海中。布洛克意犹未尽,转回来对着下潜漩涡又投下了8枚深水炸弹,最后,当深水炸弹爆炸后,他又投下了他的最后一个武器——鱼雷。人们永远也搞不清楚,到底是哪一种武器击沉了U-514号潜艇。

战斗结束后,汹涌的海面平静下来,剩下的是一大片油迹夹杂着漂浮物。

德国潜艇部队作战日记写道:

"对潜艇艇员来说,进行一场以牵制敌人为主的战斗是特别困难的。全体潜艇艇员为获取胜利而做出的个人贡献比迄今任何其他兵种都大。……现在,成功的希望越来越小。最近几个月来,参战潜艇每月只有70%能够安然返回。"

到了7月底,布罗米特发现,他的大队取得了一个惊人的战果——一共击沉了11艘潜艇,这个数字占到了盟军全月战果的1/3。布罗米特在他的月度报告中写到:"这简直不是在作战,而是在屠杀。"从此,在盟军的海战记录中,这一段历史就以"比斯开湾大屠杀"而著称于世。

普利茅斯,第19大队司令部。

像往常一样布罗米特少将和他的飞行员们总是定期地开会讨论他们的作战情况,飞行员们将他们在作战中的所见所闻告诉布罗米特和他的参谋们,而参谋们经

过筹划再将新的作战方案交到飞行员的手中。惟一不同的是,今天由于他们的上司
——斯莱塞中将到场,使会议的气氛显得更正规了许多。

一位年轻参谋正在公布最近两个月的统计结果,通常这种统计是根据飞行员的
报告整理的:

> 4月份以来,德国的潜艇完全改变了它们的出航方式,以往他们都是
> 昼间潜航,夜间浮起充电,但现在,这个规律已经倒过来了。据俘虏的
> 口供,之所以这样,是因为他们经常在夜间遭到飞机的突然袭击,而昼
> 间潜艇能用目力发现飞机,在飞机展开攻击前通常可以及时下潜,即使
> 来不及下潜,至少也可以抗击,或者击落,或者驱逐飞机,他们甚至还
> 在运用一种结群战术,让潜艇编成艇群通过比斯开湾,如果遇到飞机攻
> 击时,潜艇不得下潜,而要用各艇的联合火力驱散或击落飞机。简单地
> 说,以前潜艇总是尽量避免与飞机交战,现在他们却要求潜艇必须与飞
> 机进行交战。

> 从上个月的统计来看,5月的第一个星期,我们的飞行员在昼间发现
> 潜艇71次,攻击43次,击沉了3艘潜艇,另外还重伤了3艘潜艇,迫使
> 其放弃出航返回基地。在此期间,有17次德国的潜艇都是留在水面上企
> 图同高射炮火进行抗击。这种抗击使我们损失了6架飞机,这是两年以来
> 我们最严重的作战损失,我们认为有必要对此采取必要的措施。

听到参谋的最后一句话,斯莱塞笑了起来:

"出现损失了,这就是坏事?就一定要采取措施?那可不对。潜艇的反击行动
可能使我们多损失一些飞机。但如果坚持下去,德国毫无疑问要损失更多的潜艇。
一架飞机,即使是一架像'解放者'那样的大型昂贵的飞机,也不过价值6万英镑,
载有10名飞行员;而一艘潜艇的价值却在20万英镑以上,并载有50多名艇员,这

是一个良好的战机，在德国人还没有意识到反击既昂贵而又亏本之前，我们应该最充分地利用德国人提供的这个良好战机。"

斯莱塞说到这里，布罗米特插了一句：

"谁也没有权利放弃摆在面前的战机。我们可以考虑放弃一部分昼间巡逻任务，将装有'利'式探照灯的夜间巡逻机也用于昼间巡逻。"

"那好极了。此外在战术上还应该想点办法，尽量减少不必要的损失。刚才的报告中，发现71次，攻击43次，击沉只有3艘。这里头还有很大的潜力可挖，我想你们是否可以研究一下，把发现以后的攻击率和攻击的成功率提高起来，如果那样，你们的战果还会更大一些。"

对于邓尼茨来说，5月份以来，他的运气实在是坏透了，现在英国的反潜飞机居然杀进了比斯开湾，简直就是骑在了他的脖子上拉屎。好在匆忙间采取了一点临时补救措施——结群通过海湾，看来效果还真不错，6月份的损失已经下降到了4艘，并且还击落了几架飞机。面对着新的战果，邓尼茨感到这简直就是一种讽刺：潜艇打不到商船，居然打起飞机来了。然而，好景不长，7月份更严峻的形势出现了。

根据斯莱塞中将的指示，英国岸防航空兵针对德国潜艇白天航行的结群战术，提出了一种新的作战方案。这一方案是第19大队的飞机既能在规定的海域疏散飞行去搜索目标，又能在发现潜艇群后迅速集中，酷似邓尼茨自己的"狼群"战术。这一方案的具体内容是：一支包括7架飞机的兵力每天三次飞过横跨潜艇交通线上的两个区域（代号为"步枪群"和"海参"），进行平行搜索监视：如果哪架飞机发现敌潜艇群，便在其周围盘旋并向司令部报告，司令部便命令该机群的其他飞机飞往现场。每次巡逻的东西宽度为186公里，这个距离是潜艇一天的航程，这样，如果潜艇群想通过这一海域，每天的空中巡逻有三次机会可能发现潜艇。

7月30日，比斯开湾。

一架"解放者"式飞机在空中盘旋，水面上是3艘德国的潜艇——U－461号、

U－504号潜艇和U－462号潜水油船。飞机与潜艇保持着适当的距离,潜艇上的**炮火**够不到飞机,但潜艇也不敢轻易下潜,因为当他们的炮手进入舱内准备下潜的时候,飞机有足够的时间击毁正在下潜的潜艇。

飞机上的驾驶员是欧文空军中尉,他的报务员此刻正在忙着向设在普利茅斯的司令部报告详细的情况。6架飞机很快赶到了现场,它们是一架"解放者"式、2架"哈利法克斯"式、2架"桑德兰"式和一架"卡塔林纳"式飞机。

第一个进行攻击的是第502中队的詹森空军中尉,他驾驶的是一架"哈利法克斯",机上带有6枚600磅的新式反潜深水炸弹,和一般的深水炸弹相比,这种炸弹威力更大、更富于流线型,适于高空使用。尽管投弹高度达到了488米,但德国潜艇的炮手还是击中了飞机,詹森感到飞机一震,知道飞机受伤了,急忙向基地飞去。

紧接着,亨索空军中尉驾驶的另一架"哈利法克斯"开始攻击,在接受了詹森的教训之后,亨索把投弹高度提高到914米,尽管这样的高度对于攻击潜艇这样的目标来说是有点太高了,但由于几乎不受炮弹的干扰,亨索还是把炸弹投中了目标。被命中的是U－462潜水油船,一枚600磅的深水炸弹使它受了重伤,它瘫在水面上成了一个活靶子。

这时,主攻的飞机到来了。欧文的"解放者"领先,随后是一架美国陆军航空兵第19中队的同型飞机,最后是澳大利亚皇家空军D·马罗中尉的"桑德兰"。"解放者"飞机的速度快,把"桑德兰"甩到了后面。

德国人的炮火准确而猛烈,冒着炮火进行攻击的2架"解放者"几乎同时受了伤。然而没等德国人为他们的战绩而欢呼,后面的"桑德兰"就从低空悄悄飞来。

德国炮手的注意力还没有从"解放者"身上转过来,"桑德兰"已经飞到了眼前,当他们的炮口刚刚转向"桑德兰"的时候,马罗的机关炮首先响了,无情的炮弹打在毫无遮掩的潜艇甲板上,潜艇上的炮手被扫倒了一片,趁着潜艇上混乱之机,马罗投下了7枚深水炸弹。

▲ 从被击沉的商船上逃生的三名英国海员，在简易的木筏上飘流了多日个个面容憔悴，所幸他们最终获救了。

　　U－461被炸成两段，瞬即沉没。看到了两个伙伴的不幸下场，U－504潜艇上的路易海军上尉决定利用飞机攻击U－461的机会紧急下潜。在一旁观战的那架"卡塔林纳"式水上飞机发现了这一幕情景，它用无线电召来了附近巡逻的英国皇家海军的舰艇部队。一位当时的目击者写道：

　　　　在"凯特"舰上的编队最高司令官发出了"全体追击"的信号。我
　　们成一路横队全速前进，海上的景色好看极了——平静的湛蓝色的海洋
　　和蔚蓝色的天空。舰员和军官都在各自的战斗岗位上准备就绪。我们很
　　快看到飞机在2艘潜艇上空盘旋和投掷深水炸弹。只见"桑德兰"式飞机
　　把两个深水炸弹投到一艘潜艇的指挥室两侧。潜艇的龙骨被炸断，很快
　　就沉没了，水面上只剩下几名幸存者和一个救生筏。这时，所有的军舰

▲ 英军战机正在伺机攻击德军目标。

同时用4英寸火炮向第二艘德国潜艇射击。

目击者所说的第二艘潜艇便是U－462潜水油船，它在放炮的轰击声中稍微挣扎了一会儿就沉没了，只剩下一艘U－504号潜艇，军舰不一会就用声呐测定了它的位置，一串深水炸弹就将它送入了海底。军舰救起了大约70名幸存者，他们的供词可以证明，以上的描述都是真实的。

☆ 邓尼茨抛出"诱饵"

盟军反潜飞机在比斯开湾对德国潜艇进行的大规模截杀作战使邓尼茨大为恼火，过去的几年里，他一直是在敌人的沿海进行作战，现在却被别人堵住了家门口。长此以往，不要说恢复大规模潜艇作战，就是眼前的牵制性行动也难以维持下去了。他必须采取一点有效措施，杀一杀敌人飞机的锐气。

邓尼茨采取的措施叫"诱饵潜艇"。

事实上这种诱饵潜艇并不是什么新招数，早在5月份，当盟国飞机开始加强对比斯开湾的封锁作战时，一位德国潜艇司令部的参谋就提出了这个建议。为了对这一建议进行实战检验，德军将一艘普通的Ⅶ型潜艇进行了特殊改装。

被改装的潜艇是U－441号，它拆除了88毫米的甲板炮，在指挥室的前后分别加装了一座装甲炮台。在这两座装甲炮台上装有两座四联装20毫米机关炮和一座单管37毫米半自动炮。按当时的标准来衡量，这是一组强大的对空火力。

担任这艘特种潜艇艇长的是哈特曼海军上尉。特种潜艇的第一次试验是在5月底，该艇在比斯开湾西部进行了一天的引诱性巡逻，终于钓到了一架"桑德兰"式飞机。但是就在战斗开始时，德国水兵发现艇上的一座20毫米机关炮的炮座受海水的腐蚀，已经无法转动了。

潜艇重创了飞机，但飞机也炸伤了潜艇。受伤的飞机在返航的途中遭到德国战机的截击而被击落，潜艇的舵机被损坏失去了平衡，一瘸一拐地返回了布雷斯特。

这确实不能算一次成功的试验，但作战中的一些偶然事件却给试验者留下了一线希望——如果不是那一座机关炮发生了故障，或许那一架"桑德兰"式飞机就会被击落。正是这种希望刺激了邓尼茨，当7月份盟军飞机的攻击再次得到加强之后，他抱着一种"病急乱投医"的心理，又一次撒出了诱饵潜艇。

7月的第一星期，U－441号潜艇再次作好了出航的准备，第一次作战时受到的损伤和发生的故障已经修复一新，随艇出航的还是原班人马。哈特曼完全有理由相信，他的这艘威力强大的潜艇将在战斗中表现一下，假如他能够击落5架或4架飞机，最好再击伤它2架，或许能够狠狠打击一下同盟国飞行员的气焰。

7月12日，比斯开湾。

一只"披着羊皮的狼"已经在海湾中徘徊了4个白天，但是同盟国的飞机似乎知道了它的诡计，没有一人前来攻击它，这难免使哈特曼艇长感到有点没趣。午后的太阳照在甲板上，让人觉得懒洋洋的，甲板上的炮手们已经有点昏昏欲睡了。

潜艇发动机的隆隆声响淹没了四周所有的声音，这给艇上的人们带来了不小的困扰，因为他们根本无法用自己的耳朵听到飞机声音，而强烈的阳光又使他们无法睁大自己的眼睛。

突然，一名德国水兵发现阳光下出现了3个小黑点，水兵感到自己的眼睛有点被太阳照花了，他使劲揉了揉眼睛，现在3个黑点变得更大了，这一次他搞清楚了，水兵大声喊了起来：

"飞机！飞机！"

盟军飞机出现的太突然了，这个水兵甚至已经来不及报告飞机的数量、方位和距离，但他的减声却惊动了甲板上所有的人，人们顺着他的目光望去，只见3架飞机正向潜艇冲来。

▲ U 艇防空炮手正在装填炮弹，对付盟军飞机。

▲ 英国轰炸机正在袭击急速下潜的德国潜水艇。

立刻，所有的人员都进入了战位，潜艇上的炮口指向了飞机。出乎德国水兵的意料，3架飞机并没有投弹轰炸，而是用12门20毫米机关炮和18挺机枪的联合火力对他们进行了快速俯冲扫射。

出现在德国潜艇上空的是一个由3架"勇士"式重型战斗机组成的小队，带队的是一名老资格的空军上尉斯科菲尔德。他今天的任务是寻歼出现在这一海域的德国战斗机，为盟军的反潜巡逻机扫清战场。

当哈特曼看清向他俯冲下来的是3架战斗机时，他本应采取的最稳妥的方法是紧急下潜，因为这不是他计划中的目标，他完全可以等"勇士"飞机离开后再浮起来，等候下一个更好的目标。但是，哈特曼已经等得不耐烦了，同时他太过于相信自己的武器了，他根本没把来袭的飞机看在眼里。

潜艇和飞机开始了激烈地对射。当斯科菲尔德驾驶着他的"勇士"飞机冲向潜艇的时候，他看到了一个奇怪的场面，潜艇的舰桥和甲板上挤满了射击的人，敌人的潜艇不但没有下潜，反而拼命向飞机射击。

斯科菲尔德意识到，他碰到了一个强硬的对手。在这种对射当中，他的飞机并不占优势，他的武器威力太小，无法给对方造成致命的损伤，而他的飞机只要被命中一次就有爆炸的危险，但是，现在想退出战斗已经太迟了，如果他将飞机拉起来，那很可能就会成为炮弹的活靶子，到了这步田地只有拼个你死我活了，斯科菲尔德一咬牙按下了机关炮的按钮。

潜艇上的哈特曼也有他的难处：在摇摆不定的潜艇上，要想打得准是困难的，飞机上的机关炮和机枪虽然对潜艇无法构成致命威胁，但如同暴风般刮来的子弹却是和死神一起飞向甲板上的人们，只要一次准确的齐射就会使潜艇的火力损失大半，如果那时再有一架轰炸机赶来，潜艇小命也就到头了。然而，英国人的飞机不要命似的连续攻击，使哈特曼根本没有可能有其他的选择，他只能咬紧牙关先拼掉头上的"勇士"式飞机。

英国战斗机的攻击组织的相当出色，通过无线电指挥，3架飞机不停顿地从四面八方轮番攻击。当攻击进入到第二轮时，双方终于决出了胜负。斯科菲尔德的一次齐射击中了要害，机关炮弹穿进了潜艇的指挥室和炮位，弹雨像长柄镰刀一样，将所能触及的人扫倒了一片。

甲板上的哈特曼艇长只感到眼前一片血雾，便倒在了甲板上。在他倒下之前的一瞬间，他意识到他的潜艇已经成为这一场角斗的失败者，他拼命挣扎着要喊出紧急下潜的命令，但他的声音只有他自己才能听清。飞机的这一次成功的齐射打死了10名德国水兵，13人受伤。现在，"勇士"们可以在更低的高度进行它们的攻击了。

战斗结束以后，曾经作为"诱饵潜艇"的U－441号潜艇又被改回为普通作战潜艇。人们很快就将它淡忘了，只有邓尼茨的作战日记上记载着：

"就潜艇部队而言，这次行动充分表明了，潜艇不是打飞机的理想武器，所有的诱饵潜艇的改装工作都停止了。"

第 10 章　　CHAPTER　TEN

向比斯开湾进军

面对改装一新的潜艇，尽管邓尼茨的口气很大，其实心中却并没有多少把握。看来又一段"幸福时光"就要到来了。对于邓尼茨来说，这是悲惨的一刻。希特勒一直不动声色地听着与会者连续不断的指责，凯塞林的发言终于使他控制不住了，他劈头盖脸就是一顿："当然，英国的潜艇是能做到这一点的，可是我们的潜艇在直布罗陀海峡却一无所获！"一艘艘德国潜艇浮出了水面，然而，就在此时，盟军的无线电侦听部门接收到了大量潜艇的明码通讯信号——"彩虹"。

☆ 最后的辉煌

1943 年 9 月的一天，比斯开湾。

港口停放着 22 艘潜艇和 1 艘潜水油船。准备出发的官兵们正列队等待海军总司令的训话。

邓尼茨满怀信心地对他的官兵们说："你们的潜艇已经进行了最新的改装。潜艇指挥室的装甲加厚了；增设了四联装 20 毫米机关炮，可以抵抗飞机的攻击；每艘潜艇还携带 4 枚新式的"鹪鹩"音响自导鱼雷，可以用来攻击护航军舰。另外，每艘艇上还装有完全不辐射电磁波的雷达搜索接收机。我看，打一场胜仗所需要的一切都具备了。现在关键的是你们有没有信心。"

这是继 5 月的惨败之后，德国潜艇部队第一次大规模出航。面对改装一新的潜艇，尽管邓尼茨的口气很大，其实心中却并没有多少把握。目前潜艇所完成的改装是他在短时间内所能拿出的全部措施，如果这些措施失效，那么，至少半年以内他的潜艇部队将翻不过身来。

邓尼茨回到洛里昂指挥所后，每天的一部分时间都在地盯着海上态势图。

这张巨型态势图上清晰地显示着所有德国潜艇的航线，22 艘驶离比斯开湾的潜艇紧靠西班牙海岸航行，只有在夜间才短时间上浮充电，极力避免被英国飞机发现。艇长们的报告表明，英国的飞机仍然在疯狂地搜索，但在一周的时间里，尚没有大量遭到攻击的报告。图上的潜艇阵位表明，德国潜艇已经成功地通过了敌人的空中反潜巡逻，进入了大西洋。

9 月 16 日，一艘潜艇位于南北的一条线上，此海域大概在西经 25 度线附近。看到潜艇没费多大劲就跨过了第一道障碍，邓尼茨心中暗喜。剩下的就看新式的自

▲ 一艘德国潜艇浮上海面，几名军官在用望远镜观察情况。

导鱼雷在攻击护航军舰时效果如何了。他不由地想起了从前打胜仗的好日子，看来又一段"幸福时光"就要到来了。邓尼茨向他的水兵拍去了一封振奋人心的电报：

"元首在注视着你们的每一步战斗。猛打！穷追！击沉！"

9月20日晨，大西洋。

正在洋面上行驶的是编号为ONS－18的慢速护航编队，这是一支由27艘商船组成的小型护航运输队。在它后面不到100海里，是另一支由42艘大型商船组成的大型快速护航运站队，编号为ON－202。这种编队的配置方式是盟军海运指挥部采用的一种新战术。

德国潜艇一直等到夜幕降临才动手。他们一夜之间对船队先后展开了3次攻击。大规模的战斗是在船队后部进行的，而且都发生在潜艇与护航舰队之间。

晚上 8 时左右，1 艘驱逐舰被一枚鱼雷炸裂后沉没。午夜 10 时 30 分，驱逐舰"波利安萨斯"号又被击沉。

21 日，一片浓雾在大海上弥漫，潜艇悄悄浮出海面，进入到船队的前方，准备展开攻击。在水上航行，浓雾时而将潜艇藏在它的怀中，时而将潜艇裸露在光天化日之下。

下午雾散后，潜艇被警戒飞机盯上了，好在潜艇使用了对空射击武器，致使飞机无法对其进行精确射击。

夜幕垂落之后，潜艇抓住时机再度展开攻击。不过，由于护卫舰艇的严加防护，潜艇无法接近船队，U－229 号反而被击沉。同时，驱逐舰"伊杰茵"号被鱼雷击中，当了 U－229 号的陪葬品。

在整整 3 天时间里，德国潜艇击沉了 6 艘商船和 3 艘护航军舰。3 艘德国潜艇也永远地留在了海底。

9 月 23 日，洛里昂，德军潜艇指挥所。

刚刚向潜艇群下达了撤出战斗的命令后，邓尼茨立即将洛里昂指挥所的全体指挥军官召集起来。尽管连续 3 天的作战使邓尼茨显得有些疲惫，但疲惫的面容丝毫掩盖不住他的满脸喜色。根据艇长们的报告，潜艇群共击沉了 9 艘商船和 12 艘护航军舰。如果在半年以前，这样的战果只能算是说得过去，但今天的情况完全不同，在经历了 5 月的惨败之后，这一战果已经成为了 3 个月以来最辉煌的战绩。尤为重要的是，这一战果完全肯定了 8 月初以来所采取的各项措施是正确的。

由于战果报告的误差，艇长们将击沉的数目夸大了，邓尼茨从这些击沉数中感受到一种信心，看到一线希望，精神顿时振奋了起来，完全信任了音响鱼雷。他信心百倍地宣布：

"潜艇部队将重新开始正常的作战活动，在即将到来的下一个月份中，我们必须加倍努力，把5月以来的缺额完全弥补上来。"

可是，邓尼茨高兴的时间太短暂了。10月8日，潜艇群与5S－143号船队相遇通过，这是由39艘商船组成的船队，并附带有9艘护卫舰。潜艇对此船队展开了攻击。虽有1艘驱逐舰被击沉，但当警戒飞机在黄昏时分飞来时，潜艇却被击沉了3艘。

10月15日，潜艇又与ON－206船队相遇。作战的结果非常暗淡。这一夜，由于护航舰艇的行动异常严密，潜艇只能保持潜航状态。

16日，在潜艇展开攻击之前，"利贝列达"式警戒飞机用雷达捕捉了2艘潜艇，逼其逃窜。

10月17日夜，又有2艘潜艇被"利贝列达"式飞机击沉。当ONS－20船队通过时，潜艇击沉了其中的1艘商船，但自身也丧失了2艘。

邓尼茨仍然坚持作战到底。于是，潜艇与护航舰队之间的冲突便越来越激烈了。

在这场战斗中，英国海军高速驱逐舰舰长威卡上校发挥了独创的才能，巧妙地指挥着军舰对潜艇的攻击。

他使用的战术是：2艘军舰共同行动。也就是由队列第2艘军舰利用潜水探测器去捕捉潜艇，而把第1艘军舰指引到目标的正面。第2艘军舰这时再精密地计算展开攻击的第1艘军舰与潜艇的作战位置和速度等，将使用深水炸弹集中攻击目标的时机，通知给第1艘军舰。这种战术，增强了深水炸弹攻击目标的准确性。当驱逐舰单独作战时，则利用深水炸弹发射器，一次性把深水炸弹投放到海中。

由于舰艇对潜艇攻击战术不断取得的进步。1943年9月至10月的两个月间，德潜艇部队至少有25艘潜艇被击沉。在这期间，潜艇只击沉了9艘商船。

10月底，"狼群"作战终以失败而告一段落。邓尼茨认为集团作战付出的牺牲太大了，便决定将以前的集体作战分散为少数甚至单独潜艇作战。然而，在敌方

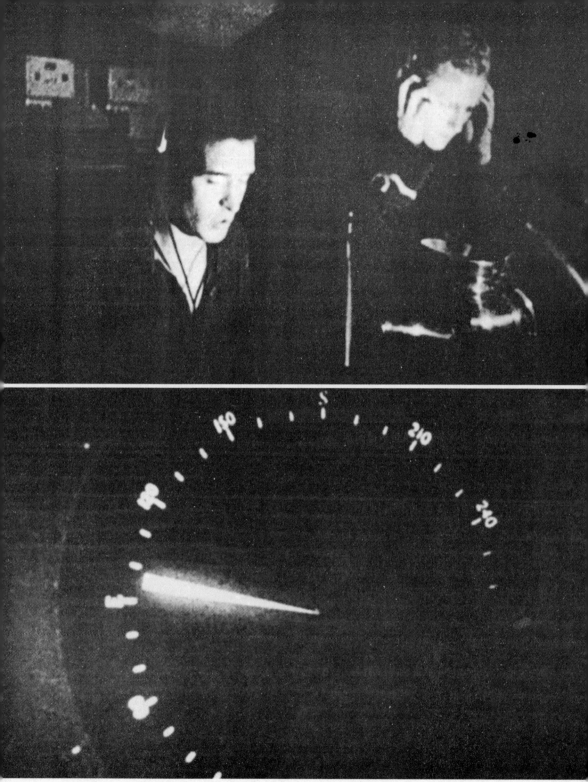

▲ 盟军舰艇上的声呐兵试图确定德国潜艇的位置。

▲ 声呐仪正显示 U 艇的位置。

▲ 大部分盟军商船得以逃过德军 U 艇的攻击，它们将继续航行在大西洋上。

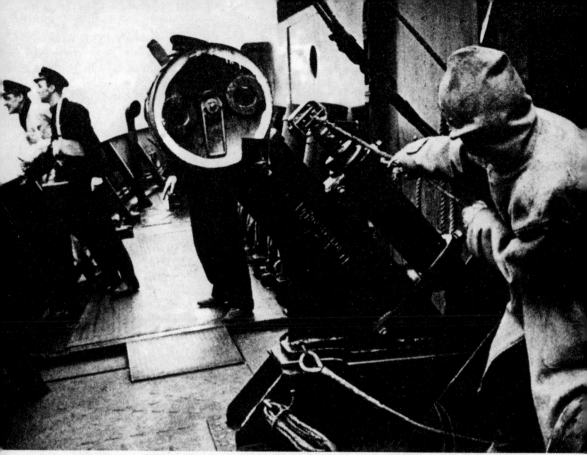

▲ 一名英国水手正在投掷深水炸弹，一般而言，连续投掷14枚，就有可能困住一艘德国潜艇。

航空兵力的强大攻击之下，这种方式仍不能有什么起色，潜艇依然被接二连三地击沉。

　　不久，以2、3艘潜艇为一组的数群潜艇，被派到纽芬兰的东方和格陵兰的南方海面。途中真是寸步难行。沿途只要潜艇将潜望镜一露出水面，警戒飞机就照射出探照灯，让潜艇没能有一点浮出水面喘口气的机会。好不容易没有飞机光临时，又有水上舰艇很快跑来，从舰上潜水探测器中发出的声音，让潜艇上的官兵听得清清楚楚。

　　10月27日，德国"堪德尔"侦察机报告说，由60艘舰船组成的一支船队正朝北航行。

　　31日黎明，南下的潜艇群发现了船队。一开始交战就很激烈，U－306号受到驱逐舰与高速护卫舰的联合攻击，很快沉没。潜艇部队接着又以1艘潜艇为代价击沉 1 艘商船。

潜艇司令部从盟军严密的航空警戒中分析判断,认为一定有从亚连群岛新基地飞出的飞机参加这次作战。因而,立刻下令潜艇停止攻击。

11 月 7 日,"堪德尔"侦察机又发现了北航中的一支船队。潜艇保持接触之后,击沉了 1 艘商船,并给另外 1 艘以致命打击。

16 日,侦察机又发现一支由 66 艘舰船所组成的船队。邓尼茨立刻让 26 艘潜艇进入警戒线。

18 日上午 11 点。双方进入交战状态。1 艘驱逐舰立即对 U – 333 号实施攻击,使其带伤逃回基地。潜艇转为反攻,音响鱼雷命中了高速驱逐舰"强蒂克利亚"号,炸断了它的船尾,使它丧失了战斗力。

白天,英军让护航舰队的"哈德逊"式、"卡达利纳"式、B – 17 式舰载飞机飞临警戒船队附近的海面。晚上,当潜艇的潜望镜伸出海面时,"威灵顿"号护卫舰上的探照灯马上照射过来,U – 211 号遭到攻击沉入海底。

19 日,英军又有 9 艘舰艇前来增援。这时,护卫舰艇已达 19 艘,它们构筑起严密的双重警戒线,加强对船队的安全防护。

这天晚上,邓尼茨又下达了决一死战的攻击命令。没料想一开战,U – 536 号就受到护卫舰的伏击,在连续几次深水炸弹的攻击之后,被迫浮出海面。顷刻间,护航舰队上的炮弹倾盆大雨般砸来,U – 536 号挣扎着沉入了大海。

20 日,2 架德军的侦察机被击落坠入大海。接着 U – 618 号潜艇也击落一架英军的"姆达兰"式警戒机。

激烈的战斗在夜幕中持续进行。U – 684 号击落一架"利贝列达"式飞机,1 艘驱逐舰用潜水探测器捕捉到 U – 538 号,追踪了 6 个小时之后,将其击沉。

在这次战斗中,德潜艇部队先后共有 31 艘潜艇参加作战,却连 1 艘商船也没击沉,反而被击沉 3 艘,击伤 1 艘。英军船队只有 1 艘高速驱逐舰受损,2 架飞机被击落。

潜艇再没有昔日不可一世的攻击力了。邓尼茨只好放弃大西洋的潜艇作战。对于邓尼茨来说,这是悲惨的一刻。从此,盟军的船队可以在西半球的全海域自由地畅行。对潜艇部队而言,艰苦的一年已经过去,邓尼茨把焦虑的目光伸向下一个战局。

1944年1月,德国,德军最高统帅部。

意大利战局急转直下,在德国战略决策者中引起了巨大的震动,希特勒紧急召集德军高级将领,分析形势和研究对策,参加会议的有20多人,都是国防军的首脑人物,会议由德军指挥参谋部参谋长约德尔将军主持。

意大利的局势直接影响到第三帝国,但会上很难提出一个有效的解决方案,结果会议成了一场无休止的相互指责。国防军统帅部参谋长凯特尔元帅的发言犹为激烈,矛头直指德国海、空军:

"……在这个至关重要的战场,已经变成了只有少量陆军演唱的独角戏,代表正在艰苦奋斗着的陆军官兵,我不能不在这里问上一句,我们的海军和空军在哪里?……对于帝国海军所执行的'吨位战'战略,我不想进行更多的评价。这种总体上的消耗战略或许曾经是赢得战争的一种途径,但到了1943年5月,战争的实践已经证明了这一战略的失败,那么,为什么海军不能把它的力量转移到配合陆上作战的行动上来呢?"

"在西西里岛上作战的帝国空军是无可指责的!诸位不要忘记这样一个事实,一直指挥着意大利方向作战的凯塞林元帅就是一名空军指挥员。当然,凯塞林元帅也曾对我表示过,我们海上的配合行动显得相当薄弱。"胖子戈林急忙站起来为自己开脱。

"在西西里岛的作战上交战双方的后勤补给都在相当程度上依赖海上,而英国海军在这方面做得要比我们强得多。3个星期以前,我们的1艘重要的油船在达达尼尔海峡附近被英国潜艇的鱼雷击中,结果使我的一个装甲师在整整一周内无法投

▲ 英军护航舰正准备发送一架单翼飞机，去攻击德国潜艇。

入作战。"凯塞林也毫不客气地把矛头指向了海军。

希特勒一直不动声色地听着与会者连续不断的指责，凯塞林的发言终于使他控制不住了，他劈头盖脸就是一顿：

"当然，英国的潜艇是能做到这一点的，可是我们的潜艇在直布罗陀海峡却一无所获！"

邓尼茨本来不想说什么。因为毕竟自己的海军尤其是潜艇部队屡屡受挫，现在是有口难辩。但希特勒直接批评了潜艇部队，感到必须要有一个回答了，他用强硬的语气答道：

"我的元首，我们的潜艇必须与世界上最强大的海军作战。假如我们的潜艇也能像英国潜艇在达达尼尔前方海域那样如入无人之境的条件下作战，那么它们起码也会取得同样的战果。我派往直布罗陀海峡的都是一些地中海优秀的艇长，他们比英国人要能干得多！"

由于邓尼茨的回答措词激烈，当时整个会议厅鸦雀无声，希特勒面红耳赤十分尴尬，但即刻恢复了平静，并对向他报告情况的约德尔将军说："请说下去！"

邓尼茨随即离开了会议桌走到窗口旁。当讨论会结束的时候，邓尼茨走在后面，但希特勒走到邓尼茨面前，用亲切的口吻问邓尼茨是否愿意与他共进早餐，邓尼茨表示愿意。

希特勒把戈林、凯特尔和约德尔打发走后，只留下邓尼茨一人。

为了使潜艇部队忘却大西洋惨败带来的耻辱，邓尼茨绞尽脑汁地思考，应该在哪一方面突破以及如何展开作战。

然而，无论潜艇到哪个海域作战，总是有盟军的护航舰队在等着，潜艇四处碰壁、随时处于挨打的位置。邓尼茨想起潜艇运回基地时，官兵们总会减少，心里涌起阵阵悲哀。

邓尼茨一方面把少数的潜艇派遣到遥远的海域，另一方面将大部分兵力配置到英国本土的西方航线，以备展开来年的大攻势。

1944年1月中旬，北从费洛斯群岛，南到布勒斯特一线上，邓尼茨部署了20多艘潜艇。潜艇之间以约50公里的间隔进行警戒，除充电时间外均保持潜航状态。当然，在这种情形下，发现敌舰船的机会就减少了。因而把搜索敌方船队的任务交给了空军。

由于空军飞行员对海上作战缺乏经验，所以，虽然几次发现了船队，但未能接近并配合作战，因此潜艇的攻击仍不能奏效，无可奈何地再次以失败告终。

此后，潜艇的警戒线接近到爱尔兰的沿岸。这一情报很快被英国海军部获悉，并迅速将强大的航空兵力集中到爱尔兰基地。

1月27日，德国侦察飞机发现两支船队，向潜艇发出了有关船队位置的电报。

同样地，这一情报也被英军破译。28日，从爱尔兰基地起飞的英警戒机捕捉到潜艇群。在这场战斗中，德军又损失了2艘潜艇。

邓尼茨下令中止作战，盟军却不善罢甘休，死死盯住潜艇进行追击。随后又有1艘潜艇被击沉。

在以后的数个星期内，因盟军的海空兵力严守着这一海域，潜艇便束手无策无所作为。

潜艇虽然有机会展开小规模的攻击，但始终无法夺回主动权，相反，攻击次数越多，损失越惨重。

2月13日，邓尼茨为了避免损失，把潜艇转移到遥远的西方。这时，潜艇部队司令部仍没有正确地了解自己受损的实际情况，到了2月下旬，潜艇的损失数才真实客观地反映出来。邓尼茨获知后大感失望。

邓尼茨认为，潜艇之所以屡遭惨败，是德空军侦察机的不尽责尽职的缘故。2月26日，他直接要求希特勒增派侦察机，以及尽快建造XXI型潜艇。XXI型潜艇是采用瓦尔达式船体，能够在水中高速航行的新潜艇，邓尼茨对它寄予很大的期望。他又下令将出击中的潜艇从欧洲沿岸，移动到1,300公里外的大西洋上，以分散的方式对船队实施攻击。

没有航空兵支援的潜艇，尝试了几次攻击。U－577号击沉1艘高速护卫舰，然而却是以其他潜艇遭到护航舰队的痛击为代价。

3月5日，U－744号艇上的官兵因受不了连续长达30小时的攻击作战，自动放弃了潜艇。

3月22日，邓尼茨自己也耐不住了，终于下令全部潜艇离开大西洋。这不啻是在暗示希特勒，如果新潜艇不尽快建造并服役，如果空军不提供大规模的支援，潜艇部队就再也不能继续进行作战了。

德国在4月份又损失6艘潜艇。5月初，只有5艘潜艇参加作战，其中的2艘被击沉到海底。到了5月底，美国沿岸只配备了2艘潜艇，非洲沿岸也同样如此。

▲ U型潜艇上观察哨正用望远镜搜索目标。

自 1943 年秋开始，在 9 个月之内，潜艇击沉了 27 艘商船，潜艇自己损失达 12 艘。

这个数字虽然不能说明战争胜负，但却意味着盟军舰船再也不会被轻易击沉了。此刻，盟军正加紧增强补给与装备，以便反攻欧洲大陆。

对德军来说，潜艇担任的是攻击作战。德国海军必须击沉盟军的舰船，减少他们的补给力，才能获得成功。而此时此刻潜艇再也没有攻击力了，这似乎预示着整个德国军队的命运也将如潜艇的命运一样走向不可逆转的失败。

6 月 1 日，邓尼茨在战时日记中这样写道："敌方要限制我们活动的企图，已经成为事实……他们的海空反潜兵力明显地增强了，对于潜艇官兵来说，要单独地反击敌人，已是一件很困难的事了。"

几年来，德国潜艇部队官兵确实在海战史上创下了不容忽视的战绩。邓尼茨在对商船队进行攻击方面，一边竭力说服德军统帅部采纳自己的意见，一边指挥潜艇部队与盟军护航舰队展开殊死的搏斗，终于创下了平均每月击沉敌方舰船 75 万吨的记录。而此时，由于潜艇损失惨重，只好屈居作为钳制兵力的次要任务的地位。

当时，邓尼茨深感烦恼的是，乘潜艇而去但不能乘潜艇而归的官兵比例越来越大了。到了 1944 年的 6 月，经过数个月的警戒任务之后，能够生还的官兵只有占出发时的 70% 了。

即使是执行防御任务，牵制敌军兵力仍是一项很重要的任务。盟军为了在欧洲大陆展开反攻，大量军队已聚集在英国本土，而船队又源源不断地运输战备物资。如果德国海军能牵制住护航舰队的一舰一机，就等于阻止了这些兵力参加反攻欧洲大陆对德军的作战，如果潜艇能够击沉敌舰船，那将会有更好的前景。

德军很清楚，一旦时机成熟，敌方的战车、枪炮、燃料、食粮、弹药以及兵员等，都将乘船横渡英吉利海峡。如果潜艇击沉了这些船只，将给盟军以极大的打击。反过来说，将会减轻德国陆军反登陆作战的压力。

☆ 杀向诺曼底的"农夫"

1944 年 6 月 6 日 2 时 10 分，巴黎，德国海军前线总指挥部。

一阵急促的电话铃声，惊醒了已进入梦乡的邓尼茨。邓尼茨拿起电话，话筒中传来了德军西线海军司令克朗克海军上将声音：

"报告元帅，敌人开始登陆了。"

"什么时间？什么地点？"

"5 时 30 分开始火力准备，地点——诺曼底。"

邓尼茨放下了话筒，穿上衣服，快步走进作战室，向值班参谋口授了给潜艇部队的作战命令：

"凡敌用于登陆的每 1 艘船只，哪怕只载有一辆坦克和少数士兵，均应视为重要打击目标。须不顾危险加以攻击。尽力靠近敌人登陆编队，不必顾虑浅水、水雷或任何其他危险。消灭敌登陆前的一人一器都能减少敌人最后成功的机会。凡予敌于损害即为恪尽职守，潜艇存亡，在所不计。"

和所有的德国高级将领一样，邓尼茨一直把英美联军在欧洲大陆的登陆，视为决定第三帝国生死的关键一战，现在，这个可怕的时刻终于到来了。邓尼茨命令德国潜艇出动，是要挽救第三帝国。但这对于潜艇部队的官兵们来说，邓尼茨的命令无疑是要他们做出牺牲。因为要他们在狭窄而戒备森严的英吉利海峡作战，无异于步兵于密集火力下在开阔地上冲击。尽管如此，近百艘德国潜艇还是驶离了基地，驶向危险的英吉利海峡。

这是开战以来最大的德国"狼群"之一，它的名字叫"农夫"，由从比斯开湾诸港驶出的 49 艘潜艇组成。事实上，德国潜艇已经拥有了对付盟军飞机的有效武

▲ 美国海岸警备队的"斯宾塞"号快艇投下深水炸弹后，德国潜艇不得不浮出水面。

▲ 德国潜艇在沉没之前，幸存者被"斯宾塞"号快艇上的美军救起。

▲ 美国海岸线上，一艘油轮被 U 艇击中，冒起滚滚浓烟。

器——通气管。但可悲的是，"农夫"艇群中只有9艘潜艇改装了通气管。由于盟国对法国铁路的空中轰炸，大批改装用的配件还成包地堆在货场中，无法运出。况且这些潜艇即使突破了空中巡逻网，还要受到大约300艘驱逐舰、护卫舰和反潜拖网渔船的挑战。

在"农夫"艇群的驻泊基地中，布列斯特距诺曼底最近。从布列斯特出航的共有15艘潜艇，其中7艘幸运地装上了通气管，可以一直潜航到英吉利海峡；其余8艘只能在夜间浮出水面充电，以便能有充足的电能，在天亮后潜航。6日夜，8艘潜艇排成一路纵队，消逝在夜幕中。没过多久，激战便开始了。

U－415潜艇艇长韦尔纳海军中尉在航海日志中写到：

> 月夜晴朗，能见度良好，在布列斯特附近脱离护航，航向270，全速。
>
> 尾后的U－256潜艇受到飞机攻击。我方也开了火。U－256击落一架敌机。我艇周围都是雷达信号，强度3～4级。自右舷的雷达信号增强。一架'桑德兰'式飞机出现，并从右舷40度进行攻击。我艇开火，飞机在我艇前方扔下4枚深水炸弹。
>
> 一会儿，听见在潜艇中部发生了四声爆炸，爆炸把潜艇抛出了水面，把艇员震倒在甲板上。然后潜艇又落回了水面，巨大的水柱把成吨的海水从舱口灌入潜艇。这次全完了，两台柴油机都停止了转动，舵机卡在右舷不动了。潜艇变成了弓形，逐渐失去了速度……成了易于攻击的目标。

随后发生的事情是韦尔纳的机械师修复了柴油机，U－415潜艇和另1艘受伤的潜艇U－256号，一齐结伴返回了布列斯特。U－415潜艇的遭遇极具代表性，6月6日一夜之间，就有7艘潜艇遭到了攻击，有2艘潜艇沉没，3艘受伤返航。尽管如此，还有42艘德国潜艇驶出了比斯开湾，前往英吉利海峡。

第二天夜晚，U－970号遭"姗达兰"式飞机的攻击后沉没，U－629号和U－273号则被"利贝列达"式飞机所击沉。

6月15日，德国潜艇抵达英吉利海峡。U－767号在兰斯茵角附近击沉1艘驱逐舰，U－764号也击沉1艘驱逐舰，但随即被击成重伤。3天之后，U－767号遭到另外3艘驱逐舰的围攻，终于招架不住而被击沉。

潜艇的阻止登陆行动，一直持续到U－621号在诺曼底附近海域击沉1艘登陆舰而告一段落。从这以后，潜艇无力再度出击，也没有取得任何战果，潜艇的攻击处于停顿状态。

从挪威出发的潜艇，沿途不断遇到英国、加拿大和挪威飞机的轮番攻击，从6月11日到24日之间，共有4艘潜艇被击沉。

6月底，12艘潜艇从比斯开湾及大西洋方向向盟军登陆地点诺曼底海域靠拢，而抵达目的地时仅剩下3艘。

尽管受到敌方海空火力的猛烈攻击，潜艇也作了顽强的反击。U－948号在西尔塞比尔外海击沉3艘盟军航船，并击伤1艘驱逐舰，迫使其东航返回到出发港口。

7月份，潜艇历经艰辛继续赶赴英吉利海峡作战，但始终被盟军反潜部队所阻，没有取得什么战果。7月4日，U－390号击沉1艘登陆舰。第二天遭到反击被击沉。

7月6日，U－763号艇长考尔蒂斯少校在西尔塞比尔外海展开攻击时，被英国1艘驱逐舰咬上。该舰向U－763号艇投放了550枚深水炸弹，一路追踪达30个小时之久。考尔蒂斯少校被赶进了浅海水域，慌不择路，艇底不止一次擦到了海底。

7日早晨，驱逐舰终于放弃追击扬长而去，U－763号这才松了口气。然而，由于这次仓皇逃窜造成的惊慌和疲劳，考尔蒂斯对该艇位置的推测产生了差错。7日上午，他推算自己是在瑟堡北方约40公里的海面上，但这里所有的条件都不符

▲ 1943 年 2 月，美军海岸警备队的快艇击沉了德国的一艘潜水艇。

合他推测的位置。用音响测深仪所测定的实际水深与海图上所标明的该海域水深不同，与无线航路标识所测定的位置也不一样。

考尔蒂斯少校判断潮流正在将潜艇漂到海峡群岛。于是，他决定以潜航的方式，向北航行，打算通过敌舰混杂的海域向更为广阔的安全海域航行。

然而事与愿违。第二天早晨 4 时，U－763 号又在近海搁浅了。综合分析各种资料，这回考尔蒂斯少校判断自己仍然在海峡群岛附近。他分析，或许 U－763 号触礁之地，正是威地岛外海的英国海军舰船停泊地呢！

此海域有很多舰船进进出出，有的是从登陆地点返回的舰船，也有医疗船正驶向诺曼底方向，还有别的穿梭奔忙的各型舰船。

U－763 号在海底整整呆了 12 个多小时。后来，考尔蒂斯少校根据这片海域潮水的潮落特点，趁涨潮时脱离海底，潜航驶出了浅滩，终于平安地返回布勒斯

▲ 遭英军攻击的 U 艇被迫浮出水面。

特港。

7月份，进入英吉利海峡的德国潜艇没有遇上幸运之神。继6月份损失7艘潜艇之后，7月至8月初，又有8艘潜艇被击沉。这个数字为全部出动潜艇的2/3，先后约有750名潜艇官兵与潜艇同归于尽。尽管如此，志愿参加潜艇部队的德国青年仍然十分踊跃。

在阻止盟军登陆作战的激烈战斗中，邓尼茨感慨万分地谈到："潜艇官兵身上所显示出的坚忍不拔的顽强精神令我深深感动。我认为他们比我更有勇气……"

从数目上来说，潜艇所取得的战果并不惊人。它们先后击沉12艘运输船，4艘登陆舰，5艘护卫舰，并重创5艘运输舰，1艘护卫舰，1艘登陆舰。

潜艇本身也损失惨重。与以前的作战相比，邓尼茨认为这次反盟军登陆作战的战果不坏。尽管潜艇无法从根本上阻止盟军的登陆，但至少已给予他们以一定打击，直接减轻了德国陆军反登陆作战的压力。

8月，洛里昂，德国潜艇部队前线指挥部。

望着十分熟悉的办公室，邓尼茨不禁心潮澎湃。记得4年前，他亲自来到这里，创立了这个潜艇指挥部。整个战争期间，这里是他指挥作战最多的地方。在这里他拥有过整整2年多的辉煌，在这里他经历了1943年春夏之交惨败的噩梦。现在，他就要离开这里了，他就要把这里留给从路上杀来的盟军了。

2个多月的作战中，他的潜艇给敌人造成的全部损失，也不到盟军登陆兵力的1%。而潜艇的损失却超过了全部作战兵力的百分之十，这种损失持续下去是根本无法忍受的。

作战必须停止！邓尼茨开始起草将要下达的命令：

> 所有潜艇都得到了根据他们所在海区防御情况相机行事的命令。对在海上活动的各种限制只能取消。司令部十分清楚，在敌防御十分强大

▲ 正准备出港的德军潜艇。

的情况下，装有通气管的潜艇原则上只实施水下作战，这对艇员尤其是年轻艇员的能力提出了最高的要求。

　　在敌沿岸海域活动的各艇艇长又一次接到命令，可根据敌防御情况自行决定，是否需要暂时或长期撤离（并乘撤离之机汇报情况）。或者是否由于艇员或潜艇负担过重，需要在燃料和鱼雷尚未耗尽之前返航。

　　邓尼茨的命令虽然有些含糊，但其中的含义却再清楚不过。根据这一命令，德国的潜艇艇长将有权自行决定，继续战斗或撤出。或者说，邓尼茨已经承认了这一阶段作战的失败。

　　起草了作战命令以后，邓尼茨又拿出了他的个人日记。几十年来，他一直坚持着这一习惯，在身边发生的每一件大事，都要如实记载下来。邓尼茨首先摘录了6月6日以来作战的有关数据，然后写到：

英吉利海峡的潜艇战结束了。战斗中潜艇部队又一次表现了不屈不挠的战斗精神。整个战况表明，打消先前的顾虑及连续不断的各种怀疑派遣潜艇去作战是正确的，就当时那样的条件来说，潜艇还是取得了很大的胜利，尽管损失不小，但尚可忍受。潜艇即使没有给敌人的补给造成决定性的重大损失，也减轻了陆上部队的负担。

8月25日，巴黎解放。邓尼茨和他的潜艇部队永远失去了他们在战争初期所创立的这个最大规模的"狼穴"。

☆ "狼群"在"彩虹"中消失

对于德国人来说，1945年的战局已经完全失去了控制，盟军以潮水般的攻势将一个又一个的城市从纳粹手中解放出来。

几个月以来，邓尼茨所能做的事情就是将一批批潜艇从被盟军逼近的港口中撤走，同时期待着盼望已久的新型潜艇的到来。然而，就连邓尼茨自己也没有想到，战争的最后一幕正在等待着他。

1945年4月，苏联红军的炮弹已经开始落到希特勒的元首府花园内，西部战线的盟军也已经越过了莱茵河，正逼近易北河。第三帝国已经到了"忽拉拉大厦将倾，昏沉沉黄泉将近"的穷途末路了。明眼人一看便知，希特勒的死期近在眼前了。但还有一事不明，那就是在希特勒身后，究竟要由谁来充当这个奄奄一息的第三帝国的"末代皇帝"呢？

在这场"王位"争夺战中，将要出场的主要有以下几位选手：谢尔曼·戈林，这位第三帝国的空军总司令是夺标呼声最高的"选手"了。自从1939年9月1日

——法西斯德国向全世界爱好和平的人们正式宣战的那一天开始，他就随着希特勒在国会上的公开声明的发表，而正式成为第三帝国法定的"皇太子"了。在那次会议上，希特勒正式宣布，戈林是他的继承人，自此以后，戈林的这种特殊地位似乎也从未动摇过。

尽管希特勒明确了戈林的"帝国皇太子"地位，但这并未能断绝其他人对这一地位的觊觎。在第三帝国内部，双眼紧盯着希特勒屁股下面那把椅子的人还是大有人在的。帝国警察的头子希姆莱就是其中的一个。

希姆莱当时掌管着第三帝国赖以维持法西斯统治的秘密警察组织和党卫队。希特勒给予他很大的权力，这不但使他在一定程度上处于"一人之下，万人之上"的优越地位，而且激发了他那种企图有朝一日登上元首宝座君临天下的强烈愿望。这种愿望是那样强烈，以致于一有机会他就会跃跃欲试地表现出来。特别是到1945年4月的时候，希姆莱已经开始自视为第三帝国的新元首了。

除了戈林和希姆莱之外，帝国宣传部长戈培尔也是王位的有力竞争者。这位其貌不扬的跛腿领袖，虽然不像前两者那样摆出一副咄咄逼人的争权架式，但却有其独特的优势，他是希特勒的喉舌和忠实走狗，也是纳粹党的核心人物，作为希特勒的理论智囊和左膀右臂，戈培尔一直全心全意地辅佐着希特勒发动和领导了这场灭绝人性的战争和屠杀。

随着希特勒死期的一天天临近，到底由谁来继承他的元首职位的问题也变得越来越敏感，越来越突出了。

4月下旬，希特勒退隐到柏林元首府的地下室，不能再有效地监督分散在各地的纳粹头子们。戈林作为希特勒指定的继承人，自以为希特勒在一次口授命令中，已经明确地授权他行使全部职权，并由他来结束战争。但是，当他在无线电中要求确认这一新身份时，希特勒勃然大怒，甚至下令将他作为叛徒逮捕起来。这时，在纳粹德国的所有要员中只有邓尼茨和戈培尔仍然真心效忠于希特勒，因此希特勒在自杀前决定由邓尼茨做自己的继承人。

▲ 邓尼茨（后排中）被盟军逮捕。

4月30日晚上，邓尼茨在荷尔斯泰因的普伦收到了来自柏林元首府地下室的绝密电报：

邓尼茨海军元帅：元首任命您，海军元帅先生，为他的继承人代替前帝国元帅戈林。书面的委任状现在途中。你必须立即采取适应当前形势的一切措施。

5月1日，希特勒死后的第二天，北德意志广播电台传出了一个陌生的声音："元首指定我为他的继承人。在这命运攸关的时刻我接受了这一领导德国人民的重任，我意识到我责任的重大。我的首要任务是拯救德国人民，使其免遭挺进中的布尔什维克敌人的歼灭。仅仅为了这个目的，战斗还要继续进行。只要英国人和美国人阻止我们实现这个目标我们也将继续对他们进行抵抗并同他们继续作战，美

▲ 希特勒遭遇暗杀事件后，邓尼茨发表讲话宣誓效忠"元首"。

英人继续作战已不再是为了他们本国人民的利益,而仅仅是为了在欧洲扩散布尔什维克主义。"

与此同时,德国国防军得到以下命令:

元首指定我为他的继承人,充当国家元首和国防军最高司令。我接受德国国防军各军种的最高指挥权,决心把反对布尔什维克的战争继续下去,直至英勇奋战的部队及德国东部地区的数十万家庭摆脱奴役或毁灭。只要英美人阻止我进行反布尔什维克的斗争,我就要把战争一直进行下去。

我要求大家遵守纪律,服从命令。只有不折不扣地执行我的命令,才能避免混乱和灭亡。今天谁要是逃避责任而给德国妇女和儿童带来死亡和奴役,谁就是懦夫和叛徒。你们中间的每一个人以前对于元首的效忠誓言,从现在起就得统统用在我——元首指定的继承人身上。

当时,几乎是所有听到这个广播讲话和接到命令的每一个德国人,都因出乎自己的意料之外而大吃了一惊。使他们感到意外和吃惊的不是这个讲话和命令的本身,因为不管是谁继承希特勒的元首职位都会这样做的,而是这位新元首本人,他既不是法定的帝国皇太子戈林,也不是阴险毒辣的希姆莱,更不是能言善辩的戈培尔,而是那位不久前还远离权力中心的海军总司令邓尼茨海军元帅。

邓尼茨竭尽全力拖延全面投降的时间,力图在西部战线投降,而在东部战线继续作战,以使战后德国有更多的人口和领土能继续保留在资本主义世界里。但是,纳粹德国已经到了最后的时刻。邓尼茨的政府仅维持了一个星期,盟军就在易北河会师了。

1945年5月8日,邓尼茨代表纳粹德国签署了无条件投降书。德国陆、海、空三军放下了武器。

当德国宣布无条件投降的消息通过无线电波传到大西洋时,每一个在海上的盟国海军官兵和海员都感到无比的振奋,每一个人都在抖擞精神、整理舰容,为接受德国潜艇的投降而准备着。

一艘艘德国潜艇浮出了水面,然而,就在此时,盟军的无线电侦听部门接收到了大量潜艇的明码通讯信号——"彩虹"。经验丰富的英国海军军官立即感到,一场不幸的事件就要发生了。

18年前,在第一次世界大战结束时,已经投降并被拘留在英国斯卡帕弗洛基地的德军"大洋舰队"就是根据这样的呼号同时自沉在港内。18年后,历史的一幕又重演了。昔日游荡在大西洋的"幽灵",在留下一片片油迹和碎片之后终于消失了。

据盟军资料统计,1945年5月德国投降时,德国海军共拥有潜艇407艘,其中224艘在投降过程中自沉。

1945年5月23日,邓尼茨被盟军逮捕,并在纽伦堡国际法庭上以战犯罪被判10年徒刑。

对于这一判决,邓尼茨直到临死前仍然表示不服。1956年他刑满获释后,定居在联邦德国。后来,他以答法国记者问的形式整理出版了一部题为《第二次世界大战中的德国海军战略》的书,对第二次世界大战中德国潜艇的战略战术作了回顾和总结,并借机大肆吹嘘自己,洗刷自己的战争罪责。

邓尼茨死于1980年10月24日,终年89岁。